GUSTULA
LATEINISCHES LESEBUCH

von
Klaus Weddigen

Ernst Klett Schulbuchverlag

GUSTULA

Lateinisches Lesebuch
für die Übergangslektüre/Erstlektüre

Konzeption, Textauswahl, Kommentierung:
StD Klaus Weddigen, Herford

Beratung bei der Bildauswahl:
Dr. Angela Steinmeyer, Stuttgart

Mitarbeit an diesem Buch:
Dr. Helmut Schareika (Verlagsredakteur)

Zu diesem Buch erscheint ein *Lehrerheft* (Klettbuch Nr. 61619).
Das *Beiheft* (Lernwortschatz; Wort- und Sacherläuterungen) ist zur Nachbestellung bei Verlust auch separat erhältlich (Klettbuch Nr. 61614)

Bildnachweise:
7: nach Foto E. Thiem/A. Peik, Kaufbeuren, *in:* Albanien. Schätze aus dem Land der Skipetaren, Mainz 1988 – **6, 8, 22, 67, 69, 88, 104, 105, 107, 118, 119, 130, 137:** Archiv A. Steinmeyer, Stuttgart – **9** (oben): nach A. Ricci u. a., Filosofiana. The Roman Villa of Piazza Armerina, Palermo 1982; (unten): nach J.M.C. Toynbee, Animals in Roman Life and Art, London 1973 – **12:** nach C. Sivarammurti, Indien. Kunst und Kultur, Freiburg 1975 – **13:** Ekdotiké Athenón S.A. – **19:** mit freundlicher Genehmigung der Trustees of the British Museum – **27:** Leonard von Matt (*nach* Krauss/Matt. Pompeji) – **30:** Werner Jobst, Wien (Mosaikenkommission der Österreich. Akademie der Wissenschaften) – **32, 33, 62, 127** (Schülerzeichnungen): Dörte Kiel, Kerstin Fleer/Herford, Friedrichsgymnasium – **35:** Hanns Lohrer, *nach* Die Zeit der Staufer (Schulzeit, *Sonderausgabe* 1977) – **37, 38, 39, 40, 123:** Landeshauptarchiv Koblenz – **41, 53:** Archiv für Kunst und Geschichte Berlin – **42, 65, 125, 142** (Ingrid Geske-Heiden): Bildarchiv Preußischer Kulturbesitz Berlin – **47:** nach Bibliotheca Palatina. Ausstellungskatalog Heidelberg 1987 – **48:** Klaus Weddigen – **50, 85, 92, 93, 95:** Deutsches Museum München – **56:** nach Strafjustiz in alter Zeit, Rothenburg o.d.T. 1980 – **73, 76:** nach A. de Franciscis, Die pompejanischen Wandmalereien in der Villa von Oplontis, Recklinghausen 1975 – **74:** nach B. Andreae, Römische Kunst, Freiburg – **79:** Universitätsbibliothek Heidelberg – **80:** Bayerische Staatsbibliothek München – **81:** Marion Höflinger, Museum für Kunst und Gewerbe Hamburg – **98** (li): nach Carl von Linné, Die großen Reisen. Dortmund 1979 (Royal Linnean Society, London) – **11, 15, 16, 90, 94, 96, 97, 98** (1), **99, 109–113:** nach Originalen des Archivs des Friedrichsgymnasiums Herford (Reprofotos: A. Steinmeyer, Stuttgart) – **116:** SCALA Florenz – **120:** nach Türkische Kunst und Kultur aus osmanischer Zeit Bd. II, Recklinghausen 1986 – **121:** nach Enciclopedia dell' Arte Antica (EAA), s. v. Costantinopoli – **122:** Walter Fritz, Klagenfurt – **133:** nach M. Grant, Morgen des Mittelalters, Bergisch Gladbach – **134:** nach R. Browning, Byzanz, Roms goldene Tochter, Bergisch Gladbach – **136:** nicht ermittelt

2., durchgesehene Auflage   2 6 5 4 3 2 | 1994 93 92 91 90

Alle Drucke der 1. und dieser Auflage können im Unterricht nebeneinander benutzt werden, sie sind bis auf die Berichtigung von Fehlern und Versehen untereinander unverändert. Die letzte Zahl bezeichnet das Jahr dieses Druckes.
© Ernst Klett Schulbuchverlag GmbH, Stuttgart 1989. Alle Rechte vorbehalten.
Einbandgestaltung: M. Muraro, unter Verwendung des Motivs eines Mosaiks aus einer römischen Villa in Korinth, 2. Jh. n. Chr. (Foto: © Tzaferis, Athen)
Zu diesem Buch gehört ein Beiheft (ISBN 3-12-616140-5).

Satz: Steffen Hahn, Kornwestheim
Druck: KLETT DRUCK H. S. GmbH, Korb
ISBN 3-12-616100-6

Inhalt

Zur Einführung 6

1 Curtius Rufus
Alexander der Große in Indien 8
(Historiae Alexandri Magni VIII 31 ff.)
1 Eindrücke aus Indien 10
1.1 Beobachtungen: Menschen und Tiere
1.2 Verschwendungssucht der Oberschicht
1.3 „Weise" (Brahmanen)
2 Alexander beginnt seinen Feldzug nach Indien 12
2.1 Vernichtung einer Stadt
2.2 Ein „Opferfest"
2.3 Ein ehrgeiziger Versuch: Besteigung eines Berges
2.4 Die „Eroberung" des Berges

2 Cornelius Nepos
Hannibal, Hamilcaris filius, Carthaginiensis
Römerhaß als Lebensinhalt 17
1 Einleitung
2 Erziehung zum Haß
3 Der 2. Punische Krieg
4 Nach dem verlorenen Krieg
5 Antiochos
6 Prusias
7 Hannibals Tod

3 Cicero – Leben in einer Umbruchzeit
Porträt eines bedeutenden Römers 24
3.1 „Homo novus" – der Weg nach oben 24
(Pro Plancio 64/65)
3.2 Exponiert im politischen Kampf 25
(Ep. ad Atticum IV 3)
3.3 Wendung zur Philosophie 26
3.3.1 Bewußt leben
(Tusculanae disputationes V 91–93)
3.3.2 Macht = Glück? – Das Schwert des Damokles (Tusculanae disputationes V 61/62)
3.4 Die Rede als politische Waffe 28
(Philippica II 63; 118/119)

4 Apuleius
Der Esel auf dem Dach 30
(Metamorphoses IX 39–42, gekürzt)

5 Chronica Regia Coloniensis
Kaiser Barbarossas Italienfeldzug 34
1 Reichstagsbeschluß, erste Vorgefechte in Norditalien 36
2 Der Kaiser zieht mit dem Reichsheer nach Norditalien
3 Ein Fehlschlag
4 Mailand während der Belagerung
5 Vertragsbruch
6 Kriegsmethoden
7 Crema fällt; Rainald von Dassel wird Kölner Erzbischof
8 Kampf um Brixen
9 Vorübergehend Ruhe um Mailand; andere politische Geschäfte des Kaisers
10 Aufruhr in Mainz
11 Mailand gibt auf
Adelbert von Chamisso:
Die Weiber von Winsperg 42
Preislied auf Friedrich I 46
Sequenz vom heiligen Kreuz
(Adam von St. Victor) 46

6 Caesarius von Heisterbach
Menschen zwischen Gott und Teufel 47
(Aus: Dialogus miraculorum)
Günter Kunert: Der polnische Baum 48
6.1 De conversione 49
6.2 De contritione 49
6.3 De confessione 51
6.4 De tentatione 51
6.5 De daemonibus 52
Nikolaus Lenau: Beziers 54
Z 1 Verbrennung einer Ketzergruppe bei Köln (Chronica Regia Coloniensis 1163) 56
Z 2 De haereticis Coloniae (Caesarius von Heisterbach) 56
6.6 De simplicitate 57
6.7 De Sancta Maria 57
6.8 De diversis visionibus 58

Inhalt

6.9	De Corpore Christi I	59	**8.4.2** Geistiger Wohltäter (Hugo Primas)	
6.10	De Corpore Christi II	59	**8.4.3** Würfelspieler (Carmina Burana)	
6.11	De miraculis	60	**8.4.4** In taberna (Carmina Burana)	
6.12	De morientibus	60	**8.4.5** Allein gelassen (Carmina Burana)	
6.13	De praemio mortuorum I	61	**8.4.6** Liebeslied (Carmina Burana)	
6.14	De praemio mortuorum II	61	**8.4.7** Omittamus studia! (Carmina Burana)	
Z 3	Unbekannte Himmelserscheinung (Wittius) Grünes Licht über Europa (FAZ 24. 9. 86)		Z	Lied der Prager Studenten (J. v. Eichendorff)

7 Kritik und Belehrung
Antike und mittelalterliche Fabeln 64

7.1 Phaedrus: Macht Macht Recht? ... 64
7.1.1 Die Mächtigen und das Recht (I 1)
7.1.2 Die Armen und die Mächtigen (I 15)
7.1.3 Die Mächtigen und ihre Freunde (I 5)
7.1.4 Das Bündnis von Macht und Wissen (II 6)
7.1.5 Im Schutz der Mächtigen (III 7)
7.1.6 Der Wolf und der Kranich (I 8)
Z 1 Der goldene Käfig (Ps.-Phaedrus)
Z 2.1 Der Fuchs und die Theatermaske (I 7)
Z 2.2 G. E. Lessing: Der Fuchs und die Larve
Z 3.1 Der Fuchs und die Trauben (IV 3)
Z 3.2 G. E. Lessing: Die Traube
7.2 Odo von Cherington 70
7.2.1 De tortuca et aquila
7.2.2 De mure qui voluit matrimonium contrahere
7.2.3 De ciconia et lupo
Z 2 Gualterus Anglicus: Quomodo Iudaeus occidebatur...

8 „...der Vogelflug der Worte..."
Antike und mittelalterliche Lyrik 73

8.1 Catull 74
8.1.1 Die Einladung (Carmen 13)
8.1.2 Reisefieber (Carmen 46)
8.1.3 Am Grab des Bruders (Carmen 101)
8.1.4 Lesbias Kummer (Carmen 3)
Karl Krolow: Stele für Catull
8.2 Tibull 76
Geburtstagsgedicht (IV 5)
8.3 Horaz 77
Zurückgezogenes Leben (Carmen I 38)
8.4 Mittelalterliche Lyrik 78
8.4.1 Bettellied (Carmina Burana)

9 Festlegen und Festhalten, Argumentieren und Bewahren
Lateinische Sachtexte von der Antike bis zur Neuzeit 84

9.1 Verträge 86
9.1.1 Vertrag über einen Sklavenverkauf (CIL)
9.1.2 Vertrag über den Kauf einer Sklavin (CIL)
Z Gesetzestext (Ulpianus)
9.2 Ein Kochrezept 87
Minutal ex praecoquis (Apicius)
9.3 Notizen des Alltags 88
Ein Haushaltsbuch (CIL)
9.4 Forschen und Erkennen 89
Naturwissenschaftliche Sachtexte von der Antike bis zur Neuzeit
9.4.1 Der Kosmos 89
a) Das Bild des Kosmos bei Apianus
b) Melanchthon über Erde und Sterne
c) Das Weltbild des Kopernikus
d) Ist die Erde eine Kugel?
  Plinius d. Ä.: De terra
  Apianus: Terra est globosa
9.4.2 Die Elemente 95
a) C. Plinius Secundus d. Ä.
b) Philipp Melanchthon
9.4.3 Systematik in der Tier- und Pflanzenwelt
Carl von Linné:
Oberservationes in regna tria naturae 96
9.4.4 Das Problem des Magnetismus 100
a) C. Plinius Secundus d. Ä.
b) William Gilbert (1600)

10 Lateinschulen in der Neuzeit

10.1 Lebens- und Betragensregeln
(Joachim Camerarius Papeberg):
Körperpflege; Tischsitten 103
10.2 Sport und Spiel im Gymnasium
(Joachim Camerarius Papeberg).. 104

Inhalt

10.3 Schulordnungen (Auszüge) 106
10.3.1 Brieger Schulordnung, 1581
10.3.2 Magdeburger Schulordnung, 1553
10.3.3 Ordnung des Pädagogiums zu Gandersheim, 1571
10.4 Ratio und Virtus – Erziehungsgedanken der Aufklärung *(Johann Bernhard Basedow)* 108
10.4.1 Gefährlichkeit der Genußmittel
10.4.2 Blindekuh
10.5 Formulae Latine loquendi pueriles *(Sebald Heiden)* 109
10.6 Mathematische Probleme in Rätselform (Anthologia veterum... poëmaton 1777) 113
 a) Eine knifflige Geschichte
 b) Problema de columbis
10.7 Ein Brief aus dem Jahre 1738 114
10.8 Lateinischer Abituraufsatz 1866 .. 114

11 Zeitzeugen berichten 115

11.1 Ansturm und Umbruch: Die Völkerwanderung *Salvianus Presbyter* (Aus: De gubernatione Dei). 115
11.2 Auf diplomatischer Mission in Konstantinopel *Liutprand von Cremona* . 117
11.3 Beim Sultan in Istanbul *Ogier Ghiselin de Busbecq* 120
Z Die Türken vor Wien – ein Erinnerungsdenkmal
11.4 Ein Ritterturnier Kaiser Maximilians *Bernardus Wittius* (Historia...Westphaliae) 123
11.5 In einem deutschen Hotel um 1530 *Erasmus von Rotterdam* (Familiarium colloquiorum libri) 124

12 Anhang: Kurztexte zur Übung des Textverstehens

12.0 *Was begegnet dem, der literarische Texte liest?* 128
12.1 *Thema-Rhema-Folge I* 129
 Der gordische Knoten (Curtius Rufus III 2)
12.2 *Thema-Rhema-Folge II* 130
 12.2.1 Ungarn in Deutschland
 (B. Wittius, Historia ... Westphaliae)

 12.2.2 Christentum und Islam prallen aufeinander
 a) Die Sarazenen bedrohen Edessa
  (Caelius Augustinus Curio, 1587)
 b) Besuch des Sultans in Konstantinopel
  (ebda.)
 c) Grausamkeit im Namen des Glaubens
  (ebda.)
 d) Leiden der Kreuzfahrer und Tod des Kaisers Barbarossa
  (Chronica Regia Coloniensis)
 12.2.3 Judenverfolgung im Mittelalter
 (B. Wittius, Historia ... Westphaliae)
12.3 *Die Autorintention* 136
 Elefantenjagd in Afrika
 (C. Plinius Secundus d. Ä., NH VIII 24)
12.4 *Lesererwartung* 137
 Thomas von Canterbury
 (Chronica Regia Coloniensis 1172)
12.5 *Vom Sinn der Stilfiguren (Beispiele)* 137
 12.5.1 *Stilfiguren als Verfremdung der Normsprache*
 Ein Richter ohne Zunge
 (Caesarius von Heisterbach, Dist. 11,46)
 12.5.2 *Stilfiguren zur Spannungssteigerung*
 Hieron und Simonides
 (Cicero, de natura deorum I 22)
 12.5.3 *Stilfiguren zur Konzentration der Aussage*
 Grabspruch für einen Vogel
 (Anthologia veterum ... poëmaton 1777)
12.6 *Gekünstelte Sprache* (Ps. Phaedrus).. 140
12.7 *Konnotationen*.................. 141
 Liutprand: Am byzantinischen Hof
12.8 *Zeitgebundenheit: Überprüfung von Textaussagen*. 142
 Eine Mahlzeit für 10 Millionen Sesterzen
 (C. Plinius Secundus d. Ä., NH XI 119, gekürzt)
12.9 *Der situative Kontext* 143
 Inschriften
12.10 *Konjunktiv-Subjuntiv: Redeabsicht und grammatische Abhängigkeit*... 143
 12.10.1 Inschriften in Pompeji
 12.12.2 Iocosa (nach Ammianus Marcellinus, Wittius, griech. Originalen)

Einführung

Zur Einführung

Gustulum bedeutet soviel wie *Vorspeise, Appetithappen,* also etwas, was erst Geschmack wecken soll für das folgende Essen.
Übertragen auf dieses Lesebuch **GUSTULA** bedeutet das: Aus dem – unübersehbar großen – Angebot von Texten in lateinischer Sprache werden Proben angeboten, die nicht den ganzen Appetit stillen sollen, die aber andererseits ausreichen, einen Einblick, einen Geschmack von dem zu erhalten, was eine längere Beschäftigung mit dem „Angebot" lateinischer Literatur bedeutet. Darum wurden solche „Kostproben" aus *drei* Kulturräumen ausgewählt, dem der *Antike,* dem des *Mittelalters,* dem der gelehrten (vor allem naturwissenschaftlichen) Literatur der *Neuzeit.* Jeder mag dann sehen, wo er weiterlesen möchte, was ihn speziell interessiert.
Und gefällt dies oder jenes nicht: In jedem Fall hat der Leser einen nicht zu flüchtigen Blick geworfen in den riesigen Speicher menschlichen Denkens und Dichtens, den die lateinische Sprache öffnen hilft.

Es gibt mehrere Gründe, Sprachen zu erlernen; ein wichtiger Grund ist immer der, mit dem Erlernten umgehen zu können. Das ist bei modernen Fremdsprachen meist kein Problem: Latein kann man aber nur selten als gesprochene Sprache hören – und *selbst sprechen* können es nur wenige.
Dieses Lesebuch will Dir Begegnungen mit Menschen verschaffen, die – wenn man das Bild so verwenden darf – aus dem Raum der lateinischen Sprache zu Dir sprechen. Da der Raum dieser Sprache räumlich wie zeitlich so groß ist, sind es ganz unterschiedliche Personen, die hier in unsere Gedankenwelt treten, in die Gedanken- und Vorstellungswelt von Menschen, die *sie* sich nicht vorstellen konnten. Der „Speicher" Schrift macht diese Kommunikation über Jahrtausende hinweg möglich. Er läßt die großen europäischen Epochen Antike und Mittelalter durch Menschen, die in ihnen lebten und die sie mitprägten, lebendig bleiben. Die Texte, die Du in diesem Buch vorfindest, sind danach ausgesucht, Menschen in ihrer Zeit, mit ihrer Zeit so vorzustellen, daß Dir ihre Lebenswelt wie ihre Lebensbewältigung verständlich und da-

▶ Porträtkopf einer Frau mit der typischen Frisur der flavischen Kaiserzeit (2. H. des 1. Jh. n. Chr.). Emporion (Ampurias), Nordostspanien.

Einführung

mit sympathisch oder unsympathisch werden: Du kannst so selbst eine Beziehung zur Antike und zum Mittelalter finden und frühere, fremde Erfahrungen bis zu einem gewissen Grad nachvollziehen.

Deshalb stehen in den Texten Menschen im Mittelpunkt. Darunter sind bekannte Namen: Alexander der Große, Hannibal, Cicero, Friedrich Barbarossa. Aber die Texte zeigen nicht so sehr diese Personen und deren Charakter, sondern die zeitbedingten Aufgaben, die sie sich stellten: Alexander, den vielleicht nur Ruhmsucht dazu brachte, das friedliche Indien zu verheeren; Hannibal, der seiner Vaterstadt gegen die furchtbare Rivalin Rom helfen wollte; Cicero, dessen Lebensziel, die römische Republik zu erhalten, an die Bemühungen mancher Politiker unseres Jahrhunderts erinnert; Friedrich Barbarossa, der das Heilige Römische Reich festigen wollte, indem er italienische Städte unterwarf.

◄ Porträtkopf eines Mannes, Marmor, um 200 n. Chr. Aus Apollonia (Albanien), Nationalmuseum Tirana. Das Porträt entspricht dem Typus von Philosophenbildnissen, womit der Dargestellte seine Bildung und Liebe zur Philosophie dokumentieren wollte.

Die überwiegende Zahl der Texte ist aber den weniger bekannten Menschen, oft den ganz unbekannten zugeordnet. Was Caesarius von Heisterbach über das Leben mittelalterlicher Menschen – Gläubige, Ungläubige, Priester und „Laien" (also Nicht-Geistliche) – erzählt, ist wie eine Stimme aus einer uns unbekannten Welt. Man denkt manchmal an Science-fiction-Geschichten: doch ist all das für den Erzähler – mag es noch so wunderlich klingen – geglaubte Realität.

Dem gegenüber verstehen wir uns mit den Menschen der Antike, wie sie hier vor uns treten, wohl schneller: die Fabeln des Phaedrus, die Erzählungen des Curtius Rufus, die novellenhafte Erzählung des Apuleius lassen Menschen vor uns treten, die unserem Denken näher stehen, zumindest auf den ersten Blick.

Unser Denken ist aber erst *nach* dem Mittelalter wieder dem antiken Denken nähergekommen. Auch diesen Denkweg kannst Du an einigen Texten zu naturwissenschaftlichen Erkenntnisprozessen verfolgen. Danach entläßt Dich diese Welt des Lateins in die der neuen Sprachen: Aber Du bist dann Stücke eines Wegs gegangen, den die europäische Menschheit 2000 Jahre beschritten hat. Den Zugang zu diesem Weg erschließt Dir die Kenntnis der lateinischen Sprache.

1 · Curtius Rufus

Curtius Rufus
Alexander der Große in Indien

Aus:
Historiae Alexandri Magni VIII 31 ff.

Curtius Rufus lebte im 1. Jahrhundert n. Chr. Sein Werk „Historiae Alexandri Magni" ist nicht vollständig erhalten; doch zeigt schon der Titel „Historiae", daß er literarisch Anspruchsvolles hinterlassen wollte – im Unterschied zu „Commentarii", die z. B. den bloßen Handlungsverlauf, etwa eines Krieges, einer Expedition der Nachwelt überliefern.

Dabei verfährt Curtius Rufus anders als Nepos (Kap. 2), der eine in sich gefügte große Handlungslinie nacherzählt; Rufus verweilt gern, er berichtet Hintergrundgeschehnisse, die die Handlung nicht weitertreiben, aber eine Atmosphäre schaffen, die der Leser miterleben soll: Hundebellen z. B. in einer ganz stillen Nacht hat jeder Leser schon einmal gehört; die sonst fremde Umwelt erhält durch solche Kleinmalerei etwas Gewohntes und Vertrautes. So kann es einem Leser zuweilen vorkommen, der eigentliche Erzählanlaß (Alexander der Große und seine Feldzüge) gerate in den Hintergrund, werde zur Kulisse, vor der sich menschliches Handeln abspielt: als kühne Unternehmung, als Eitelkeit, als sinnlose Grausamkeit und Zerstörungslust, als überheblicher Stolz usw.

Der kulturgeschichtliche Hintergrund, vor dem sich das alles abspielt, ist für Curtius Rufus so wichtig, daß er ihm mehrere ausführliche Beschreibungen widmet; diese Beschreibungen sind in diese Auswahl aufgenommen, weil sie die Welt skizzieren, in die die Militärmacht der Makedonier hineindringt. Die nach der Schilderung des Curtius Rufus in sich ruhende Welt Indiens steht der durch lange Feldzüge verrohten Armee gegenüber – dieser Kontrast ist im vorliegenden Textabschnitt eine Art Leitthema, das nur deutlich wird, wenn man sich mit den einführenden Kapiteln über Indien befaßt.

▼ „Alexandermosaik": Schlacht zwischen Alexander und Dareios, aus Pompeji, um 100 v. Chr. Neapel, Archäol. Nationalmuseum. Dargestellt ist der Höhepunkt der Schlacht: Alexander (links) und Dareios stehen sich Auge in Auge gegenüber, der Wagenlenker des Dareios wendet den Streitwagen zur Flucht.

Alexander der Große in Indien · 1

◄ *Personifikation der „India", flankiert von Tiger und indischem Elefanten; mit der Linken hält sie einen Elefantenstoßzahn, mit der Rechten umgreift sie einen Baum. Detail des großen Jagdmosaiks aus der römischen Villa von Piazza Armerina/Sizilien, 4. Jh.n.Chr. (s. auch Abb. S. 136). Länder (oder auch Städte) wurden in der Antike oft in der Gestalt von Göttinnen personifiziert.*

▼ *Münze Alexanders d. Gr.: Alexander König Poros angreifend*

Die Schilderungen des römischen Autors haben Eingang gefunden in das seinerzeit weit verbreitete Werk „Cosmographia Universalis" des *Sebastian Münster* (1544). Einige Abschnitte aus diesem Buch sind an den entsprechenden Stellen des lateinischen Textes eingefügt.

Alexander

Alexander (griech. Aléxandros) wurde 356 v. Chr. in *Pella* (Makedonien, Nordgriechenland) geboren und starb am 13. 6. 323 v. Chr. in Babylon.
Er war zunächst wie sein Vater Philipp II. König von Makedonien. Schon sein Vater hatte das kleine Land zur Vormachtstellung in Griechenland geführt. Die baute Alexander aus, als er mit 20 Jahren zur Regierung kam, und begann dann 334 v. Chr. einen Eroberungsfeldzug gegen die Perser, die zwar noch den Vorderen Orient beherrschten, deren Reich aber schon Auflösungserscheinungen zeigte.

Etappen der Eroberung

334: Der *Hellespont* wird überschritten; Schlacht am Fluß *Granikos* (damit Eroberung Kleinasiens)
333: Eroberung *Gordions* (→ Text 12.1 im Anhang) und Schlacht bei *Issos*
332: Vorstoß nach Ägypten, Gründung *Alexandrias* 331
331: Schlacht bei *Gaugamela,* Eroberung Babylons
bis 327: Völlige Unterwerfung ganz *Persiens*
327: Feldzug nach Indien, Überschreiten des *Indus*
326: Schlacht gegen *Poros* am *Hydaspes* (Nebenfluß des Indus im Pandschab)
325: Truppenmeuterei; daher Abbruch des Feldzugs
Alexanders Reich erstreckt sich bei seinem Tod von der Donau bis zum Indus.

1 · Curtius Rufus

1

1.1 Beobachtungen: Menschen und Tiere

Eindrücke aus Indien

Terra lini ferax. Inde plerisque sunt vestes. Libri arborum teneri (°haud °secus quam chartae) litterarum notas capiunt. °Aves ad °imitandum humanae vocis sonum dociles sunt, °animalia invisitata ceteris gentibus nisi invecta. Eadem terra rhinoceros alit, non generat. Elephantorum maior est vis, quam quos in Africa domitant, et viribus magnitudo respondet. Aurum flumina vehunt, quae leni modicoque lapsu segnes aquas ducunt. Gemmas margaritasque mare litoribus infundit. [...] Ingenia hominum, sicut ubique, apud illos quoque situs format. Corpora usque pedes carbaso velant, soleis pedes, capita linteis vinciunt. Lapilli ex auribus pendent, brachia quoque et lacertos auro colunt. [...] Capillum pectunt saepius quam tondent. Mentum semper intonsum est. [...] 5

10

1.2 Verschwendungssucht der Oberschicht

Regum tamen luxuria – quam ipsi „magnificentiam" appellant – super omnium gentium vitia. Cum rex semet in publico conspici patitur, turibula argentea °ministri ferunt totumque iter, per quod ferri °destinavit, odoribus complent. Aurea lectica margaritis circumpendentibus recubat, distincta sunt auro et purpura carbasa, quae indutus est. Lecticam sequuntur armati corporisque custodes, inter quos ramis °aves pendent, quas cantu seriis rebus obstrepere docuerunt. [...] Regia adeuntibus patet, cum rex capillum pectit et ornat: tunc responsa legationibus, tunc iura popularibus reddit. °Demptis soleis odoribus inlinuntur pedes. Venatus maximus labor est: inclusa vivario animalia inter °vota °cantusque pelicum °figere. [...] Breviora itinera equo conficit; longior ubi expeditio est, elephanti vehunt °currum – et tantarum beluarum corpora tota contegunt auro. 5

10

Ac, ne quid perditis moribus desit, lecticis aureis longus pelicum ordo sequitur. Separatum a reginae ordine agmen est aequatque luxuriam. 15

Feminae epulas parant. Ab isdem vinum ministratur, cuius omnibus Indis °largus est usus. Regem mero somnoque sopitum in cubiculum pelices referunt, patrio carmine noctium invocantes deos.

1.3 „Weise" (Brahmanen)

Quis credat inter haec vitia curam esse sapientiae? Unum agreste et horridum genus est, quod „sapientes" vocant. Apud hos occupare fati diem pulchrum, et vivos se cremari iubent, quibus aut segnis aetas aut incommoda valetudo est. Exspectatam mortem pro dedecore vitae habent, nec ullus corporibus, quae senectus solvit, honos redditur: Inquinari putant ignem, nisi qui °spirantes recipit. Illi, qui in urbibus publicis muneribus degunt, °siderum motus scite spectare dicuntur et futura praedicere. [...] Deos putant, quidquid colere coeperunt: arbores maxime. 5

▶ (S. 11) Seite aus Sebastian Münsters „Cosmographia Universalis" von 1544

10

MCCCClij   Das Fünffte Buch

oder getreyd dann reyß/citronen vnd kürbiß. Die landleüt essen nicht brot/aber fleisch/fisch vnd nuß. Vnd da facht an zůwachsen pfeffer/imber/cardomomi/mirabolani vnd cassia. Der Künig diser Statt vermag in dz feld 50000. edelleüt Sie pflegen im krieg zůbrauchen kurtze schwerter/handbogen/lantzen/vnd etliche büchsen/vnd gehn doch nackend/aber geschůcht an den füssen/vnd ein tůch vmb die scham/vnd ein tůch vmb das haupt zwey mal gewunden von roter farb. Von diser Statt seind fünfftzehē tagreisse biß zů der Statt Bisnagar/die ist des Künigs võ Narsinga/vnd ist ein grosse handtierung da/vnd gůter lufft. Diser Künig halt stäts an seinem hoff bey 4000. mañ zů roß / vnd 400. helffanten/die er zům krieg braucht in solcher gestalt. Man legt dem helffant auff ein sattel der ist vnden eng gebunden vmb den leib mit zweyen eysen ketten/vnd auff den sattel legt man zů einer jeden seiten ein grossen starcken hörtzenen trog/vnd gehn drey mann in ein trog/vnd daforne̅ hinder dem halß des helffants zwischen den trögen ist ein holtz einer halben spannen dick/das die trög zůsam̅en halt. Die andrē nennen solich trög thürn oder bolwercken. Zwischen den trögen sitzt auch ein mañ auff dem rucken des helffants/der dem thier zů spricht vnd es fürt/vnd das thier merckt was sein meyster will. Vnd also sitzen sieben personen auff einem helffant/ angethan mit pantzern/ vnd jhre wehr seind spieß vnd handtbogen/ vnnd rotunde schilt. Sie wapnen auch die Helffanten mit harnisch/sunderlich vmb den kopff vnd jhren krummen schnabel/oder rüssel. Dañ an den rüssel binden sie ein schwert/das ist zweyer ellen lang/vnd einer hand breit/vnd der da fornen auff jm sitzt der gebeüt jm/stehe still/gehe für dich/kere vmb/fal in den/stoß disen/thůn jm nichts mehr/vnd des gleichen/ das alles versteth vnd thůt der helffant gleich als hett er vernunfft. Wañ er aber etwan verwund wirt/oder zů der flucht bewegt/mag jn niemand gehalten. Zům meisten aber wirt diß thier mit fewr in die flucht gekert/das jhm etwan entgegen gebracht wirt/vnd es trefflich sehr darab scheücht/gleich wie es sich auch fast sehr entsetzt ab dem geschrey der schweinen. Man schreibt von disem thier/daß dz weyb vil stercker/freüdiger vnd hochmůtiger sey weder der mann. Es ist nicht gleichig an seinen schenckeln wie andere thier/dann es hatt die gleich nit so hoch ab oben/ sunder stehn jhm wol daunden bey der erden/vnd oben in den gebügen/darumb so es nider kneüwet/wirt es nit vil niderer. Diß thier ist so groß als drey büffel/ hat auch farb wie ein büffel/vnd augen als ein schwein/vnd ein langen schnabel der ist fleischen/vnd gehe biß auff die erden/es nimpt damit speiß vnd tranck in mund dann der mund steth jhm vnder dem halß/vnd ist mit gebiß formiert wie die schweinen gefreß/aber der rüssel ist inwendig hol/vnd kompt durch jhn speiß vnd tranck zum maul. Diser rüssel ist so starck/das der helffant damit mag einen baum vmbziehen/den yy. man mit seylern nit mögen vmbziehen. Die zwen grossen zen so man herauß bringt in vnser land/stehn jm im ober kifel. Seine ohren seind zweyer spañen lang/auff alle ort fast breit. Seine schenckel seind schier in leicher

1 · Curtius Rufus

◀ *Indischer Prinz in seinem Harem. 2. Jh. v. Chr. Delhi, Nationalmuseum*

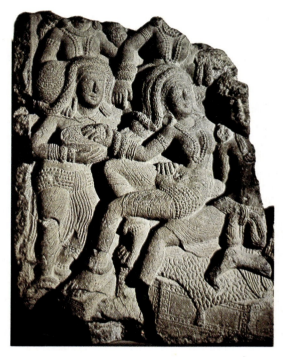

2 Alexander beginnt seinen Feldzug nach Indien

2.1 Vernichtung einer Stadt

Igitur Alexandro fines Indiae ingresso gentium finitimarum suarum reguli occurrerunt imperata facturi, illum tertium Iove °genitum ad ipsos pervenisse memorantes: Patrem Liberum atque Herculem fama cognitos esse, ipsum coram adesse cernique. Rex benigne exceptos sequi iussit; iisdem itinerum ducibus usurus. Ceterum, cum amplius nemo occurreret, 5
Hephaestionem et Perdiccan cum copiarum parte praemisit ad °subigendos, qui aversarentur imperium.

Iussitque ad flumen Indum procedere et navigia facere, quibus in ulteriora transportari posset exercitus. Illi, quia °plurima flumina superanda erant, sic iunxere naves, ut solutae plaustris vehi possent rursusque 10
coniungi.

Ipse – Cratero cum phalange iusso sequi – equitatum et levem armaturam eduxit, eosque, qui occurrerunt, levi proelio in urbem proximam compulit. Iam supervenerat Craterus. Itaque, ut principio terrorem incuteret genti nondum arma Macedonum expertae, praecipit, ne cui parceretur – munimentis urbis, quam obsidebat, incensis. Ceterum, dum obequitat moenibus, sagitta ictus. Cepit tamen oppidum et – omnibus incolis eius trucidatis – etiam in tecta saevitum est. 15

Alexander der Große in Indien · 1

Inde (domita ignobili gente) ad Nysam urbem pervenit. Forte castris ante ipsa moenia in silvestri loco positis °nocturnum frigus vehementius quam alias horrore corpora adfecit, opportunumque remedium ignis oblatum est; caesis °quippe silvis flammam excitaverunt. Quae lignis
5 alita oppidanorum °sepulchra comprehendit. Vetusta cedro erant facta; °conceptumque ignem late fuderunt, °donec omnia °solo °aequata sunt. Et ex urbe primum °canum latratus, deinde etiam hominum fremitus auditus est. Tunc et oppidani hostem et Macedones ad urbem ipsos venisse cognoscunt. Iamque rex eduxerat copias et moenia obsidebat, cum
10 hostium, qui °discrimen temptaverant, obruti telis sunt. Aliis ergo deditionem, aliis pugnam experiri placebat.

[...] Tandem obsidionis malis fatigati dedidere se. A Libero Patre conditos se esse dicebant. Et vera haec origo erat. Sita est urbs sub radicibus montis, quem „Meron" incolae appellant. [...] Rex situ montis cognito ex
15 incolis cum toto exercitu praemissis commeatibus verticem eius ascendit. Multa hedera vitisque toto °gignitur monte. Multae perennes aquae manant. [...] Credo °equidem non divino instinctu, sed lascivia esse provectos, ut passim hederae ac vitium folia decerperent redimitique fronde toto nemore similes bacchantibus vagarentur.

20 Vocibus ergo tot milium praesidem °nemoris eius deum adorantium iuga montis vallesque resonabant, cum orta licentia a paucis, ut fere fit, in omnes se repente vulgasset.

**2.2
Ein
„Opferfest"**

◄ *Dionysos auf einem Panther reitend, in der Linken den Thyrsos haltend (Stab mit Binden und Pinienzapfen, Attribut des Dionysos). Mosaik aus dem Königspalast von Pella, dem Palast Philipps II. und Alexanders. Mitte des 4. Jh. v. Chr. Pella (Makedonien), Archäol. Nationalmuseum.*

1 · Curtius Rufus

°Quippe °velut in media pace per °herbas adgestamque frondem prostravere corpora. Et rex fortuitam laetitiam non aversatus °large ad epulas omnibus praebitis per decem dies Libero Patri operatum habuit exercitum. 25

Quis neget eximiam quoque gloriam saepius fortunae quam virtutis esse beneficium? °Quippe ne epulantes quidem et sopitos mero adgredi ausus est hostis, °haud °secus bacchantium ululantiumque fremitu perterritus, quam si proeliantium clamor esset auditus. [...] °Hinc ad regionem, quae 30 Daedala vocatur, perventum est. Deseruerant incolae sedes et in avios silvestresque montes confugerant. Ergo Acadira transit aeque vasta et °destituta incolentium fuga. Itaque rationem belli necessitas mutavit. Divisis enim copiis pluribus simul locis arma ostendit. [...] Ptolemaeus plurimas urbes, Alexander maximas cepit; rursusque, quas °distribuerat 35 copias, iunxit. [...]

2.3 Ein ehrgeiziger Versuch: Besteigung eines Berges

°**H**inc Polyperchon ad urbem Noram cum exercitu missus inconditos oppidanos proelio vicit; intra munimenta compulsos secutus, urbem in dicionem redegit. Multa ignobilia oppida deserta a suis venere in regis potestatem, quorum incolae armati °petram Aornin occupaverunt. [...]

Inopem consilii Alexandrum (quia °undique praeceps et abrupta °rupes 5 erat) senior quidam °peritus locorum cum duobus filiis adiit: si pretium operae esset, aditum se monstraturum esse promittens. LXXX talenta constituit Alexander et – altero ex iuvenibus obside retento – ipsum ad °exsequenda, quae obtulerat, dimisit. [...]

Petra non, ut pleraeque, modicis ac mollibus clivis in sublime fastigium 10 crescit, sed in metae maxime modum erecta est, cuius ima spatiosiora sunt, altiora in artius coëunt, summa in °acutum cacumen exsurgunt. Radices eius Indus amnis ambit, praealtus, °utrimque asperis ripis. Ab altera parte voragines eluviesque praeruptae sunt. Nec alia expugnandi patebat via, quam ut replerentur. Ad manum silva erat, quam rex ita 15 caedi iussit, ut nudi stipites iacerentur, °quippe rami fronde vestiti impedissent ferentes. Ipse primus truncam arborem iecit clamorque exercitus, index alacritatis, secutus est – nullo detrectante munus, quod rex occupavit.

Sic intra °septimum diem cavernas expleverant, cum rex sagittarios [...] 20 iubet per °ardua niti; iuvenesque promptissimos ex sua cohorte XXX delegit. Duces his dati sunt Charus et Alexander, quem rex nominis, quod sibi cum eo commune sit, admonuit. Ac primo, quia tam manifestum periculum erat, ipsum regem °discrimen subire non placuit. Sed, ut signum tuba datum est, vir audaciae promptae [...] primus invadit in 25 °rupem.

▶ (S. 15) Seite aus Sebastian Münsters „Cosmographia Universalis" von 1544

Von den Ländern Asie.

kein list mocht erfinden wie er den felsen möcht erobern/ dann es was gerings vmb geh vnd hoch/ do kam zů jnen ein alter mann mit zweien sünen/ der verhieß jm anzůzeigē ein weg zum felsen/ wo er das mit gnaden wolt erkennen. Künig Alexander was fro/ vñ verhieß jm ein grosse schencke. Nun lag der berg am wasser Indus genāt/ darvon auch India sein nammen hat/ vnd gieng das wasser gerings darum̄/ hett auch tieffe gräben/ die hinderten jhn das man nicht mocht zůkommen. Solt er aber erobert werden/ was von nöten das die gräben außgefült wurden/ wie dann auch in sieben tagen geschah. Do fieng Künig Alexander an zů steigen vnd klimmen den berg hinauff/ vnd eileten jhm nach alle Macedonier/ gaben sich in die geferligkeit leibs vnd lebens. Dann vil auß jnen/ als sie in die höhe kamen/ vnd klebten am gehen felsen/ schwindlet jnen/ vnd fielen herab in das fürfliessend wasser/ vñ ertrunken. Es stůnden auch die landleüt in der höhe vnd wurffen groß stein herab in die feind/ vberschantzten sie von dem berg. Es schickt Künig Alexander zwen käcker männer vor jm hinauff mit zwentzig andern männern/ die kamen gar hoch hinauff/ wurden aber mit pfeylen erschossen. Das kümmert Künig Alexandrum also vbel/ das er zweifflet vnd gedacht abzůstehn/ aber ward in jm selbs wider gehertzt/ vnderließ nicht die fürgenommen rüstung. Er ließ die wehrhütten vnd die thürn herzů rucken/ vnd wann etlich müd wurden/ ordnet er andere an jr statt. Aber die Indianer so auff dem berg waren/ triumphierten darauff mit trommen/ posaunen/ mit blasen vnd hofieren zwen tag vnd zwo nächt/ vermeinten sicher zů sein vor aller Welt. Aber do sie sahen das embsig fechten jres feinds/ zündten sie an in der dritten nacht vil fackeln vnd schlichen heimlich alle võ dem felsen/ wolten des feinds nicht warten. Da das Alexander vernam/ gebot er den seinen/ sie solten mit grossem geschrey den flüchtigen nacheilen/ vnd jhnen ein forcht einschlagen. Das geschahe auch. Dann es erhůb sich vnder jhnen ein solchē grosse forcht/ das vil vber den felsen abstürtzten vñ zůtode fielen. Alsp nam Künig Alexan der den felsen ein/ vnd ließ darauff der göttin Minerue vñ Victorie aufrichten altär vnd zůbereiten. Es ruckt K. Alexander weiter hinein ins land/ vnder worffen sich jm vil Künig/ Stett vnd Herren/ außgenommen Künig Porus/ d' setzt sich mit grossem gewalt wider den grossen Alexander/ vnd lagen beider Künigen höre gegen einander/ vnd mitten zwischen jhnen das groß wasser Hydaspis. Es wehret Künig Porus mit allen krefften das Alexander nit vber das wasser käme. Er hett bey jm 85. grosser vnd gerader Helfanten die wol mit kriegßleütē besetzt wären/ drey hundert horwägen/ vnd bey dreissig tausent fůßknecht. Die Macedonier auff Künig Alexanders seiten entsetzten sich wol etwas ab dem feind/ aber vil schwärer was jnen vber das wasser zůkommen/ das am selbigen ort 4. stadien breit was/ vñ fast tieff/ das es eim möre gleicher was dann eim fliessenden wasser. Es lagen

History võn Künig Porõ

1 · Curtius Rufus

Nec deinde quisquam Macedonum substitit, relictisque stationibus sua sponte regem sequebantur. Multorum miserabilis fuit casus, quos ex praerupta °rupe lapsos amnis praeterfluens °hausit – triste spectaculum etiam non periclitantibus. [...] Et iam eo perventum erat, unde sine per- 30
nicie nisi victores redire non possent ingentia saxa in subeuntes provolventibus barbaris, quibus perculsi instabili et lubrico gradu praecipites recidebant. °Evaserant tamen Alexander et Charus, quos cum XXX delectis praemiserat rex, et iam pugnare comminus coeperant. Sed cum superne tela barbari ingererent, saepius ipsi feriebantur quam vulnera- 35
bant. Ergo Alexander, et nominis sui et promissi °memor, dum acrius quam °cautius °dimicat, confossus °undique obruitur. Quem ut Charus iacentem conspexit, °ruere in hostem (omnium praeter ultionem immemor) coepit multosque hasta, quosdam gladio interemit. Sed cum tot unum incesserent manus, super amici corpus procubuit exanimis. °Haud 40
°secus, quam par erat, promptissimorum iuvenum ceterorumque militum interitu commotus rex signum receptui dedit. Saluti fuit, quod sensim et intrepidi se receperunt et barbari – hostem depulisse °contenti – non institere cedentibus. Ceterum Alexander cum statuisset desistere incepto – °quippe nulla spes potiundae °petrae offerebatur – tamen spe- 45
ciem ostendit in obsidione perseverantis: nam et itinera obsideri iussit et turres admoveri et °fatigatis alios succedere.

2.4 Die „Eroberung" des Berges

Cuius pertinacia cognita Indi per biduum quidem ac duas noctes cum ostentatione non fiduciae modo, sed etiam victoriae epulati sunt, tympana suo more pulsantes. Tertia vero nocte tympanorum quidem strepitus desierat audiri; ceterum ex tota °petra faces refulgebant, quas accenderant barbari, ut tutior esset ipsis fuga obscura nocte per invia saxa cur- 5
suris.

Rex – Balacro, qui specularetur, praemisso – cognoscit °petram fuga Indorum esse desertam. Tum dato signo, ut universi conclamarent, incomposite fugientibus metum incussit. Multique, tamquam adesset hostis, per lubrica saxa perque invias cotes praecipitati occiderunt. Plu- 10
res, aliqua °membrorum parte mulcati, ab integris deserti sunt. Rex, locorum magis quam hostium victor, tamen magnae victoriae *speciem* sacrificiis et °cultu deum fecit: Arae in °petra locatae sunt Minervae Victoriaeque.

▶ *Darstellungen des Rhinozeros: Links aus der „Christlichen Ortskunde" des Kosmas Indikopleustes („Indienfahrer") von 535 n. Chr., rechts aus der „Cosmographia Universalis" Sebastian Münsters*

Cornelius Nepos: Römerhaß als Lebensinhalt

Hannibal, Hamilcaris filius, Carthaginiensis

Cornelius Nepos (etwa 99 bis 24 v. Chr.) stammt aus Oberitalien. Durch sein umfangreiches Werk „De viris illustribus" ist er selbst „illustris", berühmt, geworden.
In diesem Werk schildert er Menschen, die irgendwie für die Geschichte Griechenlands und Roms Bedeutung besessen haben. Doch ist sein Werk nicht eine historische Quellensammlung mit lexikalischem Charakter, sondern eine Sammlung individueller Lebensläufe, die vor dem Hintergrund der Geschichte vorgeführt werden.
In der hier abgedruckten Biographie berichtet Nepos über das Leben eines Todfeindes der Römer, des Karthagers Hannibal. Triebfeder im Leben Hannibals war von Kindheit an der Haß auf alles Römische.
Daher wird Hannibal nicht einfach in der zeitlichen Abfolge seines Lebens vorgestellt, mit Betonung der historischen Taten dieses Mannes, sondern er entwickelt sich in der Vorstellung des Lesers zu einem Mann, der durch die fragwürdige Erziehung seines Vaters ein Opfer seines eigenen Hasses wird.

Aus:
De viris illustribus – De excellentibus ducibus

Hannibal lebte von 247 bis 183 v. Chr. Er war der bedeutendste Politiker und militärische Befehlshaber Karthagos. Im Jahr 219 eroberte er die Stadt Saguntum (Spanien), die mit Rom verbündet war. Das war der Anlaß zum Krieg mit Rom (2. Punischer Krieg). Hannibal zog über die Alpen nach Oberitalien und fügte den Römern schwere Niederlagen zu (z. B. 216 v. Chr. bei Cannae in Apulien). 203 wurde er nach Karthago zurückgerufen, das inzwischen selbst durch die Angriffe der Römer unter Führung des bedeutenden Feldherrn Scipio gefährdet war. Er unterlag in der entscheidenden Schlacht bei Zama (auch: Narragara, 202 v. Chr.). 195 floh er aus Karthago zum König Antiochos nach Syrien, von dort zu Prusias, dem König von Bithynien (in Kleinasien). 188 nahm er sich das Leben.

Hannibal

Karthago war eine Handelsniederlassung der Phöniker nordöstlich des heutigen Tunis. Es entwickelte sich ab 600 v. Chr. zur wichtigsten Handelsmacht des Mittelmeerraumes und geriet dadurch in Konkurrenz zu der aufstrebenden Macht Rom. In drei Kriegen gelang es den Römern, die Konkurrentin zu besiegen (Zerstörung Karthagos 146 v. Chr.). Der schwerste dieser Kriege war der „Zweite Punische Krieg", in dem Hannibal als Gegner der Römer auftrat.

Karthago

Si verum est, quod nemo dubitat, ut populus Romanus omnes gentes virtute superarit, non est infitiandum Hannibalem °tanto praestitisse ceteros imperatores prudentia, °quanto populus Romanus antecedat fortitudine cunctas nationes. Nam quotienscumque cum eo congressus est
5 in Italia, semper discessit °superior. Quod nisi domi civium suorum invidia debilitatus esset, Romanos videtur superare potuisse. Sed multorum obtrectatio devicit unius virtutem.

1 Einleitung

Hic autem °velut hereditate relictum odium paternum °erga Romanos sic conservavit, ut prius animam quam id deposuerit, qui quidem, cum patria pulsus esset et alienarum opum indigeret, numquam °destiterit animo bellare cum Romanis. [...]

2 Erziehung zum Haß

Nepos läßt Hannibal selbst über seinen Haß zu Wort kommen:

[...] „Pater meus" [...] „Hamilcar, puerulo me, utpote non amplius VIII annos nato, in Hispaniam imperator proficiscens Carthagine, Iovi optimo maximo hostias immolavit. Quae divina res dum conficiebatur, quaesivit a me, vellemne secum in castra proficisci. Id cum libenter accepissem atque ab eo petere coepissem, ne dubitaret ducere, tum ille ‚Faciam', inquit ‚si mihi fidem, quam postulo, dederis'. Simul me ad °aram adduxit, apud quam sacrificare instituerat, eamque ceteris remotis tenentem iurare iussit numquam me in amicitia cum Romanis fore. Id ego iusiurandum patri datum usque ad hanc aetatem ita conservavi, ut nemini dubium esse debeat, quin reliquo tempore eadem mente sim futurus. [...]"

3 Der 2. Punische Krieg

Alpenübergang

Hac igitur, qua diximus, aetate cum patre in Hispaniam profectus est. Cuius post obitum, Hasdrubale imperatore suffecto, equitatui omni praefuit. Hoc quoque interfecto exercitus summam imperii ad eum detulit. Id Carthaginem delatum publice comprobatum est. Sic Hannibal, minor V et XX annis natus imperator factus, proximo triennio omnes gentes Hispaniae bello °subegit; Saguntum, foederatam civitatem, vi expugnavit; tres exercitus maximos comparavit. Ex his unum in Africam misit, alterum cum Hasdrubale fratre in Hispania reliquit, tertium in Italiam secum duxit. Saltum Pyrenaeum transiit. °Quacumque iter fecit, cum omnibus incolis conflixit; neminem nisi victum dimisit. Ad Alpes posteaquam venit, quae Italiam ab Gallia seiungunt, quas nemo umquam cum exercitu ante eum praeter Herculem Graium transierat [...], Alpicos conantes prohibere transitu concidit; loca °patefecit, itinera muniit, effecit, ut ea elephantus ornatus ire posset, qua antea unus homo inermis vix poterat repere. Hac copias traduxit in Italiamque pervenit.

Kämpfe in Italien

Conflixerat apud Rhodanum cum P. Cornelio Scipione consule eumque pepulerat. Cum hoc eodem Clastidi apud Padum decernit sauciumque inde ac fugatum dimittit. Tertio idem Scipio cum collega Tiberio Longo apud Trebiam adversus eum venit. Cum his manum conseruit, utrosque profligavit. Inde per Ligures Apenninum transiit, petens Etruriam. Hoc itinere adeo gravi morbo afficitur oculorum, ut postea numquam dextro aeque bene usus sit. Qua valetudine cum etiamnunc premeretur lecticaque ferretur, C. Flaminium consulem apud Trasume-

◄ *Afrikanischer Elefant mit Treiber auf einer punischen Münze aus Spanien*

num cum exercitu insidiis circumventum occidit neque multo post
25 C. Centenium praetorem cum delecta manu saltus occupantem.

Den wichtigsten Sieg errang Hannibal 216 bei Cannae. Er schlug durch kluge Strategie die weit überlegenen Römer. Über 50 000 Römer fielen in dieser Schlacht; C. Terentius Varro entkam mit 10 000 Mann, der Rest des Römerheeres wurde gefangen. Daraufhin wurden in Rom ganz junge Männer – sogar Sklaven – zur Armee eingezogen. Dadurch konnten die Römer den Krieg fortsetzen, aber an eine Entscheidungsschlacht war nicht zu denken. Quintus Fabius Maximus, Oberbefehlshaber der römischen Armee, versuchte durch Ausweichen und Hinzögern Hannibals Kräfte zu zermürben.

Schlacht bei Cannae; Q. Fabius Maximus

°Hinc in Apuliam pervenit. Ibi °obviam ei venerunt duo consules, C. Terentius et L. Aemilius. Utriusque exercitus uno proelio °fugavit, Paulum consulem occidit et °aliquot praeterea consulares, in his Cn. Servilium Geminum, qui superiore anno fuerat consul.

30 Hac pugna pugnata Romam profectus est nullo resistente. In propinquis urbi montibus moratus est. Cum °aliquot ibi dies castra habuisset et Capuam reverteretur, Q. Fabius Maximus, °dictator Romanus, in agro Falerno ei se obiecit. Hic clausus locorum angustiis noctu sine ullo °detrimento exercitus se expedivit; Fabio, callidissimo imperatori, dedit
35 verba. Namque obducta nocte sarmenta in cornibus iuvencorum deligata incendit eiusque generis multitudinem magnam dispalatam immisit. Quo repentino obiecto visu tantum terrorem °iniecit exercitui Romanorum, ut egredi °extra vallum nemo sit ausus. [...] Longum est omnia

enumerare proelia. Quare hoc unum °satis erit dictum, ex quo intellegi possit, quantus ille fuerit: quamdiu in Italia fuit, nemo ei in acie restitit, nemo adversus eum post Cannensem pugnam in campo castra posuit. 40

°Hinc invictus patriam defensum revocatus bellum gessit adversus P. Scipionem, filium eius Scipionis, quem ipse primo apud Rhodanum, °iterum apud Padum, tertio apud Trebiam fugarat. [...]

[...] Apud Zamam cum eodem conflixit: pulsus (incredibile dictu) biduo 45
et duabus noctibus Hadrumetum pervenit, quod abest ab Zama °circiter milia passuum trecenta. In hac fuga Numidae, qui simul cum eo ex acie excesserant, insidiati sunt ei; quos non solum effugit, sed etiam ipsos oppressit.

Hadrumeti reliquos e fuga collegit; novis °dilectibus paucis diebus multos contraxit. 50

Cum in apparando acerrime esset occupatus, Carthaginienses bellum cum Romanis composuerunt. [...]

4
Nach dem verlorenen Krieg

Hannibal bleibt zunächst Feldherr; er betätigt sich auch politisch. Schließlich fordern die Römer die Absetzung ihres Todfeindes; Hannibal muß fürchten, an die Römer ausgeliefert zu werden. Er sieht ein, daß von Karthago aus ein weiterer Kampf nicht möglich ist, und flieht.

[...] **N**avem ascendit °clam atque in Syriam ad Antiochum profugit. Hac re °palam facta Poeni naves duas, quae eum comprehenderent, si possent consequi, miserunt, bona eius publicarunt, domum a fundamentis disiecerunt, ipsum exulem iudicarunt.

At Hannibal anno quarto, postquam domo profugerat, L. Cornelio Q. 5
Minucio consulibus, cum V navibus Africam accessit in finibus Cyrenaeorum, si forte Carthaginienses ad bellum Antiochi spe fiduciaque possent induci, cui iam persuaserat, ut cum exercitibus in Italiam proficisceretur. °Huc Magonem fratrem excivit. Id ubi Poeni resciverunt, Magonem eadem, qua fratrem, absentem affecerunt poena. Illi desperatis rebus 10
cum solvissent naves ac °vela ventis dedissent, Hannibal ad Antiochum pervenit. De Magonis interitu duplex memoria prodita est. Namque alii naufragio, alii a servolis ipsius interfectum eum scriptum reliquerunt. [...]

5
Antiochos

Auch der kleinasiatische König Antiochos III. der Große war ein erbitterter Feind der Römer. Er drang von Syrien aus nach Westen, nach Griechenland vor, nachdem er in Ägypten und Asien schon viele Eroberungen gemacht hatte.
Von den Römern 191 v. Chr. bei dem Thermopylen genannten Paß (Nordgriechenland) geschlagen, floh er nach Kleinasien und organisierte (mit Hannibal) einen neuen Kampf gegen Rom.

Aber seine neue Flotte wurde einmal von den Bundesgenossen der Römer, den Rhodiern, und ein weiteres Mal von den Römern selbst geschlagen (190 v. Chr.). Die Schlacht bei Magnesia (Kleinasien), die er wiederum verlor, besiegelte seine Niederlage im Kampf gegen Rom.

Praefuit paucis navibus, quas ex Syria iussus erat in Asiam ducere, hisque °adversus Rhodiorum classem in Pamphylio mari conflixit. In quo cum multidudine °adversariorum sui superarentur, ipse, quo cornu rem gessit, fuit superior.

5 Antiocho °fugato, verens, ne dederetur, quod sine dubio accidisset, si sui fecisset potestatem, Cretam ad Gortynios venit, ut ibi, quo se conferret, °consideraret. Vidit autem vir omnium callidissimus magno se fore periculo, nisi quid providisset, propter avaritiam Cretensium. Magnam enim secum pecuniam portabat, de qua sciebat exisse famam. Itaque capit tale
10 consilium: Amphoras complures complet plumbo, summas operit auro et argento. Has praesentibus principibus deponit in templo Dianae, simulans se suas fortunas illorum fidei credere. His in °errorem inductis statuas aëneas, quas secum portabat, omni sua pecunia complet easque in propatulo domi abicit. Gortynii templum magna cura custodiunt, non
15 tam a ceteris quam ab Hannibale, ne ille inscientibus iis tolleret sua secumque duceret.

Prusias regierte etwa von 235 bis 182 v. Chr. als König in Bithynien (Kleinasien). Hannibal hoffte immer wieder, von diesem Teil der Mittelmeerländer aus den Römern Schaden zufügen zu können. Prusias war aber an Einfluß und Bedeutung mit Antiochos gar nicht zu vergleichen. Nachteilig für Hannibal war auch, daß König Eumenes (197–159 v. Chr.), König von Pergamon (ebenfalls in Kleinasien), im Bündnis mit den Römern eine wichtige Rolle im kleinasiatischen Raum spielte. Es zeichnete sich deutlich ab, daß ganz Kleinasien römisches Einflußgebiet wurde; vielleicht hoffte Hannibal, wenigstens das verhindern zu können.

**6
Prusias**

Sic conservatis suis rebus omnibus Poenus, illusis Cretensibus, ad Prusiam in Pontum pervenit. Apud quem eodem animo fuit °erga Italiam neque aliud quicquam egit quam regem °armavit et exacuit °adversus Romanos.

5 Quem cum videret domesticis opibus °minus esse robustum, conciliabat ceteros reges, adiungebat bellicosas nationes. Dissidebat ab eo Pergamenus rex Eumenes, Romanis amicissimus, bellumque inter eos gerebatur et mari et terra; sed utrobique Eumenes °plus valebat propter Romanorum societatem; [...]. Ad hunc interficiendum talem °iniit rationem:
10 Classe paucis diebus erant decreturi. Superabatur navium multitudine; °dolo erat pugnandum, cum par non esset armis. Imperavit quam plurimas venenatas serpentes vivas colligi easque in vasa fictilia conici. Harum cum effecisset magnam multitudinem, die ipso, quo facturus erat

▶ *Römisches Schlachtschiff auf einem Relief des 1. Jh. v. Chr. Auf dem Bug erkennt man ein „castellum", das als Plattform für die Artillerie benutzt wurde. Ein Offizier und ein Matrose sind zum Angriff herausgeklettert. In den Bug ist ein Krokodil, das Symbol Libyens, geschnitzt. Aus dem Fortuna-Heiligtum von Praeneste (Palestrina), nördl. Roms. Vatikanische Museen.*

navale proelium, classiarios convocat hisque praecipit, omnes ut in unam Eumenis regis concurrant navem, a ceteris tantum satis habeant se defendere. Id illos facile serpentium multitudine consecuturos. Rex autem in qua nave veheretur, ut scirent, se facturum. [...]

Tali cohortatione militum facta classis ab utrisque in proelium deducitur. [...] priusquam signum pugnae daretur, Hannibal, ut °palam faceret suis, quo loco Eumenes esset, tabellarium in scapha cum caduceo mittit. Qui ubi ad naves °adversariorum pervenit epistulamque ostendens se regem professus est quaerere, statim ad Eumenem deductus est, quod nemo dubitabat, quin aliquid de pace esset scriptum. [...] At Eumenes soluta epistula nihil in ea repperit, nisi quae ad irridendum eum pertinerent. Cuius etsi causam mirabatur neque reperiebat, tamen proelium statim committere non dubitavit. Horum in concursu Bithynii Hannibalis praecepto universi navem Eumenis adoriuntur. Quorum vim rex cum sustinere non posset, fuga salutem petit; quam consecutus non esset, nisi °intra sua praesidia se recepisset, quae in proximo litore erant collocata.

Reliquae Pergamenae naves cum °adversarios premerent acrius, repente in eas vasa fictilia, de quibus °supra mentionem fecimus, conici coepta sunt. Quae iacta initio risum pugnantibus °concitarunt, neque, quare id fieret, poterat intellegi. Postquam autem naves suas oppletas conspexerunt serpentibus, nova re perterriti, [...] puppes verterunt seque ad sua castra nautica rettulerunt.

Sic Hannibal consilio arma Pergamenorum superavit neque tum solum, sed saepe alias pedestribus copiis pari prudentia pepulit °adversarios.

Hannibal · 2

Die ständige Unruhe, die Hannibal in den östlichen Mittelmeerraum trug, führte die römische Regierung zu dem Entschluß, daß dieser gefährliche Feind beseitigt werden mußte. Sie bediente sich dabei derselben Mittel, die die kleinasiatischen Könige anzuwenden pflegten:

**7
Hannibals
Tod**

Quae dum in Asia geruntur, accidit casu, ut legati Prusiae Romae apud T. Quintium Flamininum consularem cenarent atque ibi de Hannibale mentione facta ex his unus diceret eum in Prusiae regno esse. Id postero die Flamininus senatui detulit. Patres conscripti, qui Hannibale vivo
5 numquam se sine insidiis futuros existimarent, legatos in Bithyniam miserunt, in his Flamininum, qui ab rege peterent, ne inimicissimum suum secum haberet sibique dederet. His Prusia negare ausus non est; illud recusavit, ne id a se fieri postularent, quod °adversus ius hospitii esset: ipsi, si possent, comprehenderent; locum, ubi esset, facile inventu-
10 ros. Hannibal enim uno loco se tenebat, in castello, quod ei a rege datum erat muneri, idque sic aedificarat, ut in omnibus partibus aedificii exitus haberet, scilicet verens, ne usu veniret, quod accidit.

°Huc cum legati Romanorum venissent ac multitudine domum eius °circumdedissent, puer ab ianua °prospiciens Hannibali dixit plures praeter
15 consuetudinem armatos apparere. Qui imperavit ei, ut omnes fores aedificii circumiret ac propere sibi nuntiaret, num eodem modo °undique obsideretur. Puer cum celeriter, quid esset, renuntiasset omnesque exitus occupatos ostendisset, sensit id non fortuito factum, sed se peti neque sibi °diutius vitam esse retinendam. Quam ne alieno arbitrio dimitteret,
20 memor pristinarum virtutum venenum, quod semper secum habere consuerat, sumpsit.

Sic vir fortissimus, multis variisque perfunctus laboribus, anno acquievit septuagesimo. [...]

**Zur Text-
erschließung**

① *prudentia – fortitudo* werden gleich am Anfang in Opposition zueinander gesetzt, d. h. sie sollen gegeneinander abgegrenzt werden. Das gelingt erst im vollen Maße nach der Lektüre des Gesamttextes. Achte also bei der Schilderung der Einzelhandlung, wie sich Hannibals *prudentia* und römische *fortitudo* in ständiger Beziehung zueinander und gegeneinander entwickeln. (Bei der Schilderung der Zeit nach Cannae muß man auf die Struktur des Textes achten: *nullo resistente* [Z. 30] gegen *se obiecit* [Z. 33], wenn man die *fortitudo* genau erfassen will.)
Kann man dem Text eine Vorliebe des Autors für *prudentia* oder *fortitudo* entnehmen?
② Der erste Teil des Textes wird beherrscht von einer Opferszene, die der Vater in Anwesenheit des Sohnes feiert. Der Schluß des Textes läßt in der Erinnerung des Lesers diese Szene wieder aufleben: Kannst Du beschreiben, wieso?

3 · Cicero

Porträt eines bedeutenden Römers
Cicero – Leben in einer Umbruchzeit

Cicero (geb. 106 v. Chr.) hatte nach seinem Studium in Rom, Athen und Rhodos große Erfolge als Prozeßredner. Diese Erfolge ebneten ihm seine politische Laufbahn. Er wurde im Jahr 75 vor Christus *Quaestor* (in Sizilien). Damit begann er einen Weg, der ihn im Jahre 63 zum Konsulat führte.

Als Provinz-Quaestor hatte er auf Sizilien die Finanzverwaltung seines Distriktes (Agrigrent; auf Sizilien gab es noch den Distrikt Syrakus) zu leiten. Für die Wahl zu den nächsthöheren Ämtern *(Praetor, Aedil, Konsul)* war es wichtig, daß man in Rom möglichst viel von seiner Verwaltungstätigkeit erfuhr. Dafür hatte Cicero auch gesorgt, und er konnte mit Recht hoffen, daß man in der Hauptstadt auf den jungen Politiker aufmerksam geworden war.

3.1 „Homo novus" – der Weg nach oben

Cicero war ein sehr erfolgreicher Mann, den sein Erfolg eitel, ja sogar etwas selbstgefällig machte. Diesen Fehler kannte er aber; und so ist der folgende Text (ein Ausschnitt einer Prozeßrede) ein Beispiel selbstironischer, ja heiterer Schilderung.

Der Text zeigt, daß Cicero seine politische Wirkung an der Reaktion der römischen Oberschicht abliest. Sie traf sich in Badeorten (hier Pŭtĕŏlī bei Neapel, heute Pozzuoli), um dort die heiße Jahreszeit zu verbringen und sich zu vergnügen. Die Mitglieder der Oberschicht kannten sich untereinander; Cicero mußte also mit dem Interesse der „lautissimi", der führenden Mitglieder, für das, was er tat, rechnen können.

Pro Plancio 64/65

Kontext: Cicero hat sein Amtsjahr als Quaestor in Agrigent beendet und reist zurück nach Rom. Unterwegs macht er einen Aufenthalt in Puteoli.

Sic tum existimabam nihil homines aliud Romae nisi de quaestura mea loqui:

Frumenti in summa caritate maximum numerum miseram; negotiatoribus comis, °mercatoribus iustus, mancipibus °liberalis, sociis abstinens, omnibus eram visus in omni officio diligentissimus, excogitati quidam erant a Siculis honores in me inauditi. Itaque hac spe decedebam, ut mihi populum Romanum ultro omnia delaturum putarem. 5

At ego, cum casu diebus iis itineris faciendi causa decedens e provincia Puteolos forte venissem, cum plurimi et lautissimi in iis locis solent esse, concidi paene, cum ex me quidam quaesisset, quo die Roma exissem, et 10
num quidnam esset novi! Cui cum respondissem me e provincia decedere: „Etiam mehercule!" inquit, "ut opinor... ex *Africa*?" Huic ego iam stomachans fastidiose: „°Immo ex *Sicilia*!" inquam. Tum quidam (quasi, qui omnia sciret): „Quid – tu nescis", inquit, „hunc quaestorem *Syracusis* fuisse?" 15

Quid multa – °destiti stomachari et me unum ex iis feci, qui ad aquas venissent.

3.2 Exponiert im politischen Kampf

Cicero ist der einzige Römer, dessen Privatkorrespondenz zum großen Teil gesammelt und erhalten ist. Aus seinen Briefen können wir ein genaues Bild der Person des Schreibers gewinnen; zugleich erfahren wir Einzelheiten über die Zeit, in der der Verfasser lebte.

Die Zeit war geprägt von politischer Unruhe, die ihren Grund in unsozialen Verhältnissen innerhalb der Gesellschaft hatte; wie oft in solchen Zeiten allgemeiner Unruhe fanden sich bald Menschen, die die Unruhe benutzten, um mit Terrormethoden Einfluß zu gewinnen.

Cicero lag an der Erhaltung der überkommenen Ordnung, in der er z. B. das Prinzip der *res publica libera* verwirklicht sah: also das Prinzip der kontrollierten Macht. Er erkannte wohl nicht die Notwendigkeit gesellschaftlicher Reformen – oder er sah in ihrer Verwirklichung eine Gefahr für die *„libertas"*, wie er sie verstand. Aus dieser Haltung heraus hatte er eine für den Staatserhalt gefährliche politische Gruppierung (um *Catilina*) in seinem Konsulatsjahr zerschlagen; die Anführer ließ er hinrichten. Ob er dazu berechtigt war, ist ungeklärt; aber er schuf sich damit politische Feinde. Auch *Caesar* muß man dazu zählen.

Für das Leben Ciceros gefährlich war dabei ein Mann, dessen Terrormethoden im folgenden Brief geschildert werden: *P. Clodius Pulcher,* eigentlich Patrizier, aber seit dem Jahr 59 zur Plebs übergetreten. Er ließ sich zum Volkstribunen wählen und betrieb in diesem Amt die Verbannung Ciceros aus Rom (58 v. Chr.). Diese Verbannung eines so angesehenen Mannes konnte nicht von langer Dauer sein: schon ein Jahr später kehrte Cicero zurück, wurde nun aber von den Anhängern des Clodius bedroht.

Cicero Attico suo salutem

Ep. ad Atticum IV 3 (Auszug)

Kontext: Ciceros Haus, das von Schlägertrupps zerstört worden war, wurde auf Senatskosten restauriert.

[...] °Armatis hominibus ante diem tertium Non. Novembres expulsi sunt °fabri de area nostra, disturbata porticus Catuli, quae ex senatus consulto consulum locatione reficiebatur et ad tectum paene pervenerat.
5 Quinti fratris domus primo fracta coniectu °lapidum ex area nostra, deinde inflammata iussu Clodii – inspectante urbe – coniectis ignibus [...].

Ille demens °ruere, post hunc furorem nihil nisi caedem inimicorum cogitare, vicatim ambire, servis °aperte spem libertatis ostendere. [...] Itaque ante diem tertium Idus Novembres, cum Sacra via descenderem,
10 insecutus est me cum suis. Clamor, °lapides, fustes, gladii; haec improvisa omnia. Discessimus in vestibulum Tetti Damionis. Qui erant mecum, facile operas aditu prohibuerunt. Ipse occidi potui. Sed ego diaeta curari incipio; chirurgiae taedet. [...]

Milonis domum, eam, quae est in Germalo, pridie Idus Novembres expu-
15 gnare et incendere ita conatus est, ut °palam hora V cum °scutis homines, eductis gladiis, alios cum °accensis facibus adduxerit. Ipse domum P. Sullae pro castris sibi ad eam impugnationem sumpserat. Tum ex Anniana Milonis domo Q. Flaccus eduxit viros acres. Occidit homines ex latrocinio Clodiano notissimos. Ipsum cupivit – sed ille se in interiora aedium
20 Sullae... [...]

3.3 Wendung zur Philosophie

Als Cicero aus der Verbannung nach Rom zurückkehrte, war sein politischer Einfluß weithin geschwunden. Das ist ja auch an dem Text 3.2 deutlich zu erkennen.

Er widmete sich nun einer neuen Aufgabe: seinen Landsleuten die bedeutende Philosophie der Griechen bekannt zu machen. Dazu mußte er die lateinische Sprache erst soweit formen, daß in ihr überhaupt philosophisches Denken dargestellt werden konnte.

Ciceros Ziel war es nicht, eine eigene Philosophie zu entwickeln; er wollte seinen römischen Landsleuten Denkmodelle großer griechischer Denker vermitteln. Dazu wählte er eine Darstellungsform, wie sie vor allem der Philosoph *Platon* (427 bis 347 v. Chr.) verwendet hatte: den Dialog, also das Gespräch. Cicero läßt in fiktiven Gesprächen römische Landsleute über Themen sprechen wie die beste Form der Staatsverfassung, die Bedeutung der Ethik, die beste Form des Lebens usw.

Der vorliegende Textauszug ist entnommen dem Werk *Tusculanae disputationes*, die – fiktiv – auf Ciceros Landgut *Tusculum* stattgefunden haben. Es geht um die Frage nach der besten Form der Lebensführung, letztlich also um die Frage nach dem Lebensglück.

Cicero liebt es, mit Beispielen die Gedanken der Gesprächspartner zu veranschaulichen; mit dieser Methode gelingt es ihm einerseits, auch schwierige Gedanken bildhaft darzustellen, andererseits kann der Eindruck entstehen, der in leicht faßlichen „exempla" darstellbare Gedankengang sei eine eigene weiterführende Überlegung nicht wert. Das wäre aber nicht richtig; gerade die Bildhaftigkeit sollte die Vorstellungskraft des Lesers aktivieren; er sollte sich fragen, ob die geschilderte Situation von ihm eine andere Beantwortung erfahren hätte, als sie die im Text auftretende Person leistet.

3.3.1 Bewußt leben

Tusculanae disputationes V 91–93

Bewußt zu leben ist durchaus philosophisches Ziel; die Lebensführung muß daher, meint Cicero, durchdacht und philosophisch begründet sein.

Cicero geht von zwei Positionen aus: dem Verhältnis gegenüber dem Zuviel und dem Verhältnis gegenüber dem Zuwenig. Es stellt sich heraus, daß für den wirklichen Genuß das Zuviel hinderlicher ist als das Zuwenig, wenn es nicht dauernde Not bedeutet.

Beide Positionen werden an leicht verständlichen Beispielen innerhalb der theoretischen Gedankenführung erläutert. Einige dieser Beispiele folgen hier:

Socrates, in pompa cum magna vis auri argentique ferretur, „quam multa *non* desidero", inquit.

*

Xenocrates, cum legati ab Alexandro quinquaginta talenta attulissent (quae erat pecunia temporibus illis, Athenis praesertim, maxima) abduxit legatos ad °cenam in Academiam. Iis apposuit tantum, quod °satis 5 esset nullo apparatu.

Cum postridie rogarent eum, cui numerari iuberet, „Quid, vos hesterna", inquit, „cenula non intellexistis me pecunia non egere?" Quos cum tristiores vidisset, triginta minas accepit, ne aspernari regis °liberalitatem videretur.

10

◄ „Philosophenmosaik" aus Pompeji, 1. Jh. n. Chr. Neapel, Archäol. Nationalmuseum. Man erkennt sieben „Philosophen" oder Gelehrte; rechts oben eine Stadtmauer, die eine Akropolis einschließt; oben in der Mitte eine Sonnenuhr; vorn in der Mitte sieht man in einem Kasten einen Globus mit den Bahnen der Gestirne (s. auch Abb. S. 85). Die sieben bärtigen, griechisch gekleideten Männer gruppieren sich auf einer bzw. um eine Bank, drei halten Schriftrollen, der dritte von links scheint mit einem Stab zu zeichnen.

At vero Diogenes liberius, ut Cynicus, Alexandro roganti, ut diceret, si quid opus esset: „Nunc quidem paululum", inquit, „a sole." Offecerat videlicet apricanti. Et hic quidem disputare solebat, °quanto regem Persarum vita fortunaque superaret: Sibi nihil deesse, illi nihil satis
15 °umquam fore. Se eius voluptates non desiderare, quibus °numquam satiari ille posset, suas eum consequi nullo modo posse.

*

Vides, credo, ut Epicurus cupiditatum genera dividerit (non °nimis °fortasse subtiliter, utiliter tamen):
°Partim esse naturales *et* necessarias, partim naturales et *non* necessa-
20 rias, partim °neutrum.
Necessarias satiari posse paene nihilo: divitias enim naturae esse parabiles.
Secundum autem genus cupiditatum nec ad potiendum difficile esse censet nec vero ad carendum.
25 Tertias (quod essent °plane inanes neque necessitatem modo, sed ne naturam quidem attingerent) funditus °eiciendas putavit.

3 · Cicero

**3.3.2
Macht = Glück? Das Schwert des Damokles**
Tusc. disp.
V 61–62

Dionysios von Syrakus, von dem im folgenden Text die Rede ist, war ein Gewaltherrscher, den Cicero moralisch verurteilt. Es geht also hier um Macht, die durch rücksichtsloses Durchsetzen der Eigeninteressen entsteht.

[...] Hic ipse tyrannus iudicavit, quam esset beatus. Nam cum quidam ex eius assentatoribus, Damocles, commemoraret in sermone copias eius, opes, °maiestatem dominatus, rerum abundantiam, °magnificentiam aedium regiarum, negaretque °umquam beatiorem quemquam fuisse: „Visne igitur", inquit, „o Damocle (quoniam te haec vita delectat), 5
ipse eam degustare et fortunam experiri meam?"

Cum se ille cupere dixisset, collocari iussit hominem in aureo °lecto, strato pulcherrimo textili stragulo, °magnificis operibus picto; abacosque complures ornavit argento auroque caelato. Tum ad °mensam eximia forma pueros delectos iussit consistere eosque nutum illius intuentes 10
diligenter ministrare. Aderant unguenta, coronae; incendebantur odores; °mensae conquisitissimis epulis exstruebantur. Fortunatus sibi Damocles videbatur.

In hoc medio apparatu fulgentem gladium e lacunari – saeta equina aptum – demitti iussit, ut impenderet illius beati cervicibus. Itaque nec 15
pulchros illos ministratores adspiciebat nec plenum artis argentum, nec manum porrigebat in °mensam. Iam ipsae defluebant °coronae. Denique exoravit tyrannum, ut abire liceret, quod iam beatus nollet esse.

Satisne videtur declarasse Dionysius nihil esse ei beatum, cui semper aliqui °terror impendeat? 20

**3.4
Die Rede als politische Waffe**

Cicero mußte erleben, wie ein bedeutender Politiker und Feldherr die alte republikanische Ordnung untergrub und eine Diktatur errichtete. *C. Iulius Caesar* setzte an die Stelle der Senatsverfassung die Herrschaft eines einzigen Mannes. Das konnte nur gelingen, weil die republikanische Verfassung erneuerungsbedürftig geworden war.
Cicero konnte sich als Republikaner mit Caesars Herrschaft nicht abfinden; er hoffte, daß nach der Ermordung des Diktators (44 v. Chr.) die alte Verfassungsordnung wiederhergestellt werde. Doch gab es immer neue Machtkämpfe: Es ging nicht mehr um die alte Republik, sondern um das Erbe von Caesars Machtstellung. Zunächst stellte sich ein erfolgreicher General Caesars auf die politische Bühne, *Antonius*. Mit Recht vermutete Cicero in ihm einen Mann, der nach Caesars Vollmachten strebte. In 14 sehr scharfen Reden griff er Antonius an; er nahm damit auf sich, von den mächtigen neuen Männern im Staat als Feind betrachtet zu werden. Diese 14 Reden (genannt, nach einem griechischen Vorbild, *Philippika*) waren der letzte große Auftritt Ciceros; im Jahre 43 wurde er von seinen politischen Feinden ermordet. Der kommende Mann auf der politischen Bühne Roms war aber gar nicht Antonius, sondern *Octavianus*, der spätere Kaiser *Augustus*.
Die folgenden Textauszüge stammen aus einer der Philippischen Reden.

Leben in einer Umbruchzeit · 3

Cicero versucht, den berühmten Feldherrn mit derben Worten wegen seiner Neigung zum Alkohol lächerlich zu machen (II 63):

Philippica II 63; 118/119

[...] **L**oquamur °potius de nequissimo genere levitatis. Tu istis faucibus, istis lateribus, ista gladiatoria totius corporis firmitate tantum °vini in Hippiae nuptiis exhauseras, ut tibi necesse esset in populi Romani conspectu vomere postridie. O rem non modo visu foedam, sed etiam
5 auditu! Si inter °cenam in ipsis tuis °immanibus illis poculis hoc tibi accidisset – quis non turpe duceret? In coetu vero populi Romani, negotium publicum gerens magister equitum, cui ructare turpe esset, is vomens frustis esculentis vinum redolentibus gremium suum et totum tribunal implevit.
10 Sed haec ipse fatetur esse in suis sordibus!

Cicero weiß, daß er sich Todfeinde schafft, wenn er Mächtige der Lächerlichkeit preisgibt. Er schließt die Rede daher so (II 118/119):

Defendi rem publicam adulescens, non deseram senex. Contempsi Catilinae gladios, non pertimescam tuos. Quin etiam corpus °libenter obtulerim, si repraesentari morte mea libertas civitatis potest. [...] Etenim si abhinc annos prope viginti hoc ipso in templo negavi posse mor-
15 tem immaturam esse consulari, °quanto verius nunc negabo seni. Mihi vero, patres conscripti, iam etiam optanda mors est, °perfuncto rebus iis, quas adeptus sum quasque gessi. Duo modo haec opto: unum, ut moriens populum Romanum liberum relinquam (hoc mihi maius ab diis immortalibus dari nihil potest), alterum, ut ita cuique eveniat, ut de re publica
20 quisque mereatur.

Ciceros Art, Latein zu schreiben, wurde schon zu seinen Lebzeiten bewundert. Bis heute gilt er als der bedeutendste Stilist des klassischen Lateins. Immer wieder versuchten spätere Autoren, ihn nachzuahmen – vor allem solche, die kein eigenes Stilmuster aufstellen konnten.
① *Du kannst versuchen, Texte mit annähernd gleicher Autorintention aus verschiedenen Epochen zu vergleichen:*
Cicero „Bewußt leben" (3.3.1) und Caesarius von Heisterbach (Kap. 6, dort beliebig eine der „Distinctiones"). Achte dabei auf die Satzgestaltung; denke daran, daß Anfang und Schluß eines Satzes bei dem Leser die größte Aufmerksamkeit finden. Dieses einfache Mittel dient der gedanklichen Gliederung und damit der gedanklichen Klarheit eines Textes.
② *Cicero ist der einzige Römer, dessen Privatkorrespondenz erhalten ist. Auch hier ist ein Vergleich reizvoll, nämlich der zwischen einem zur Veröffentlichung bestimmten Text – also etwa dem vom Schwert des Damokles (3.3.2) – und den Briefstellen, die hier abgedruckt sind. Man kann sehen, wie anders Texte sind, die sich an den Erwartungshorizont eines einzigen wenden, als die, deren Lesepublikum dem Autor nicht bekannt sein kann. Das merkst Du an Anknüpfungen, die bei einem Brief auf gemeinsamen Vorkenntnissen basieren, aber auch am Stil: Findest Du Unterschiede?*

Zur Texterschließung

Apuleius
Der Esel auf dem Dach

Aus:
Der goldene Esel
(Metamorphoses)
IX 39–42
(gekürzt)

Apuleius wurde um 125 n. Chr. in Madauros (Numidien, jetzt Algerien) geboren. Anders als erfolgreiche Dichter sonst verbrachte er sein Leben außerhalb Italiens in der Provinz. Wenn man von den Figuren seines großen Romans „Metamorphosen" („Verwandlungen", meist „Goldener Esel" genannt) auf den Autor schließen darf, liebte er das Leben der einfachen Leute, der unteren Schichten, ja sogar der Unterwelt. Sie schildert er bunt und abwechslungsreich in einer Sprache, die ebenfalls bunt ist; oft sprachlich kühn. Das macht manchmal Schwierigkeiten beim Übersetzen – aber der amüsante und immer interessante Handlungsablauf ist andererseits ein starker Anreiz zum Lesen.

Der Hauptheld der folgenden Erzählung ist ein Esel – das heißt, es ist eigentlich ein junger Mann, der durch die Tricks seiner Tante in einen Esel verwandelt worden ist. – Das ist aber zugleich ein Trick des Verfassers der Geschichte, *Apuleius:* Er läßt diesen verwandelten Esel, was Verstand und Aufnahmefähigkeit betrifft, Mensch bleiben; so erfährt er viel mehr als ein sichtbarer Mensch von seiner Umwelt, denn vor ihm, dem vermeintlichen Esel, braucht sich niemand in acht zu nehmen.

Die folgende Episode allerdings hätte eher einem richtigen Esel als einem denkenden Menschen passieren können. Der – denkende – Esel ist inzwischen im Besitz eines Gärtners – hortulanus –, der mit seiner Hilfe Gemüse aus seiner Gärtnerei in die nahegelegene Stadt bringt. Bei der Gelegenheit besucht er einen Freund, der ihn eingeladen hat. Leider endet die Einladung mit einer großen Enttäuschung für den „hortulanus" – er macht sich auf den Heimweg:

▶ *Ein Esel verweigert das Futter. Mosaik aus dem Großen Kaiserpalast von Konstantinopel/ Istanbul, Ausschnitt aus einem der umfangreichsten Tier- und Landschaftsmosaiken der Antike. Wahrscheinlich 5. Jh. n. Chr. Die Palastmosaiken werden derzeit (1989) von österreichischen und türkischen Archäologen und Restauratoren restauriert.*

Der Esel auf dem Dach · 4

Inscenso me retro, quam veneramus, viam capessit. Nec innoxius ei saltem regressus evenit. Nam quidam procerus et, ut indicabat °habitus atque habitudo, miles e legione – factus nobis obvius – superbo atque arroganti sermone percontatur, quorsum vacuum duceret asinum. At
5 meus (°adhuc °maerore permixtus at alias Latini sermonis ignarus) °tacitus praeteribat. Nec miles ille familiarem °cohibere potuit insolentiam, sed indignatus silentio eius ut convicio viti, quam tenebat, obtundens eum dorso meo proturbat.

°Tunc hortulanus supplicive respondit sermonis ignorantia se, quid ille
10 diceret, scire non posse. Ergo igitur Graece subiciens miles: „Ubi", inquit, „ducis asinum istum?" Respondit hortulanus petere se civitatem proximam. „Sed mihi", inquit, „opera eius opus est. Nam de proximo °castello sarcinas praesidis nostri cum ceteris iumentis debet advehere" – et °iniecta °statim manu loro me, quo ducebar, arreptum incipit trahere.

15 Sed hortulanus [...] rursus deprecatur civilius atque mansuetius versari commilitonem, idque per spes prosperas eius orabat adiurans. „Nam et hic ipse", aiebat, „°iners asellus – et nihilo minus ferox morboque detestabili caducus – vix etiam paucos holerum maniculos de proximo hortulo solet anhelitu languido °fatigatus subvehere, nedum ut rebus
20 amplioribus idoneus videatur gerulus."

Sed ubi nullis precibus mitigari militem [...] animadvertit, [...] currit ad extrema subsidia simulansque sese ad commovendam miserationem genua eius velle contingere [...] arreptis eius utrisque pedibus sublimem elatum terra graviter adplodit et °statim qua pugnis, qua cubitis, qua
25 morsibus, etiam de via °lapide correpto totam °faciem manusque eius et latera converberat.

Nec ille, ut primum humi supinatus est, vel repugnare vel omnino munire se potuit, sed °plane identidem comminabatur, si surrexisset, sese concisurum eum machaera sua frustatim. Quo sermone eius com-
30 monefactus hortulanus eripit eius spatham eaque longissime abiecta rursum saevioribus eum plagis aggreditur. Nec ille prostratus et praeventus vulneribus ullum reperire saluti quiens subsidium, quod solum restabat, simulat sese mortuum. °Tunc spatham illam secum asportans hortulanus inscenso me [...] festinat ad civitatem nec hortulum suum saltem
35 curans invisere ad quempiam sibi devertit familiarem. Cunctisque narratis deprecatur, periclitanti sibi ferret auxilium seque cum suo asino tantisper occultaret, quoad °celatus spatio bidui triduive capitalem causam evaderet.

Nec oblitus ille veteris amicitiae prompte suscipit, meque per scalas com-
40 plicitis pedibus in superius cenaculum adtracto hortulanus deorsus in ipsa tabernula derepit in quandam cistulam [...].

▶ „At miles ille [...] dolore saucius baculove se vix sustinens civitatem adventat." (Schülerzeichnung)

At miles ille – ut postea didici – tandem °velut emersus gravi crapula [...] tot plagarum dolore saucius baculove se vix sustinens civitatem adventat et [...] quosdam commilitones nactus °clades enarrat suas. Placuit, ut ipse quidem contubernio se tantisper absconderet (nam praeter propriam contumeliam militaris etiam sacramenti genium ob amissam spatham verebatur), ipsi autem signis nostris enotatis investigationi [...] darent operam.

Nec defuit °vicinus °perfidus, qui nos ilico occultari nuntiaret. Tum commilitones accersitis magistratibus °mentiuntur sese multi pretii vasculum argenteum praesidis in via perdidisse idque hortulanum quendam repperisse nec velle restituere, sed apud familiarem quendam sibi delitescere.

°Tunc magistratus et °damno et praesidis nomine cognito veniunt ad deversorii nostri fores claraque voce denuntiant hospiti nostro nos, quos occultaret apud se certo certius, dedere °potius quam discrimen proprii subiret capitis. Nec ille tantillum conterritus salutique studens eius, quem in suam receperat fidem, quicquam de nobis fatetur ac diebus pluribus nec vidisse illum hortulanum contendit.

Contra commilitones ibi, nec uspiam illum delitescere iurantes genium principis contendebant. Postremum magistratibus placuit [...] immissis lictoribus ceterisque publicis ministeriis angulatim cuncta sedulo perlustrari; [...] nec quisquam mortalium ac ne ipse quidem asinus intra limen comparere nuntiatur. [...]

Qua contentione et clamoso strepitu cognito curiosus alioquin et inquieti procacitate praeditus asinus, dum obliquata cervice per quandam fenestrulam, quidnam sibi vellet tumultus ille, prospicio, unus e commilitonibus casu fortuito conversis oculis ad °umbram meam cunctos testa-

tur incoram. Magnus denique continuo clamor exortus est et emensis
protinus scalis iniecta manu quidam me velut °captivum detrahunt.

Iamque omni sublata cunctatione scrupulosius °contemplantes singula,
cista etiam illa relevata repertum productumque et oblatum magistratibus miserum hortulanum poenas scilicet capite pensurum in publicum
deducunt carcerem – summoque risu meum prospectum cavillari non
desinunt; unde etiam de prospectu et °umbra asini natum est frequens
proverbium.

**Zur Text-
erschließung**

*Attribute dienen zwei wichtigen Aufgaben: Sie vermitteln in sachlichen Texten
oder Textteilen eine genauere Vorstellung von einem Wesen oder Ding, und sie
geben in fiktionalen Texten den Wesen oder Dingen Beschreibungen mit, die sie
für den Leser charakterisieren.
So sind in narrativen Texten gerade die Attribute der Weg zum Verständnis der
Intention: sie versehen Personen mit Wertungen, schaffen eine Atmosphäre, die
man oft als „Stimmung" eines Textes bezeichnet. Natürlich werden die vor allem
durch Adjektive dargestellten Attribute auch von den anderen sinntragenden
Wörtern unterstützt: aber sie zeigen doch zunächst einmal einem unbefangenen Leser die Art an, wie der Autor verstanden werden will. Das kannst Du hier an
der Weise betrachten, wie der „miles" vorgestellt wird.
Diese Vorstellung genügt, der ganzen Geschichte einen Sinn zu geben.
Wie würdest Du diesen „Sinn" beschreiben?*

◄ „[...] dum obliquata cervice per quandam fenestrulam, quidnam sibi vellet tumultus ille, prospicio [...]" (Z. 66; Schülerzeichnung)

5

Chronica Regia Coloniensis
Kaiser Barbarossas Italienfeldzug

Eine bestimmte Form der Geschichtsschreibung, besonders im Mittelalter und der frühen Neuzeit, stellt die *Chronik* (griech. *chronos:* „Zeit") dar. Ihr Hauptmerkmal bildet die Darstellung von Ereignissen in zeitlich genauer Reihenfolge. Es gibt Chroniken in Prosa und in Reimen, es gibt Weltchroniken, Kaiserchroniken, Landes-, Kloster-, Städte- und Geschlechterchroniken. Viele sind in Latein, der Sprache der Gelehrten und der Verwaltung, verfaßt.

Die (unbekannten) Verfasser der *„Kölner Königs-Chronik"* schrieben Latein; in dieser Sprache fanden sie Vorbilder aus antikem Schrifttum, vor allem wohl Caesars *Commentarii,* an die die Chronik manchmal erinnert. Tatsächlich sind *Commentarii* als Textsorte der Chronik verwandt: auch dort werden zunächst Tatsachen und Berichte wiedergegeben, ohne daß der Autor viel Sprachtechnik verwendet. So ist die Sprache hier einfach, der Handlungsablauf klar durchschaubar, die grammatische Form vom klassischen Latein geprägt. Entstanden ist die *Chronica Regia Coloniensis* um das Jahr 1200.

Wichtige Begriffe der mittellateinischen Welt

Natürlich treten – der anderen Umwelt des Mittelalters entsprechend – auch neue Begriffe auf; die Kirche sowohl als auch die Herrschaftsform des Mittelalters ließen sie ins Lateinische eindringen, z. B. episcopus, archiepiscopus, cancellarius, lantgravius, teils aus dem Griechischen, teils aus dem Deutschen abgeleitet; die lateinischen Wörter dux, comes, miles und viele andere erhalten eine neue Bedeutung. Da die mit den Begriffen verbundene Würde in den verschiedenen Epochen des Mittelalters wechselte, kann man sie nicht mit einem genau entsprechenden Begriff wiedergeben.

cancellarius: Vorsteher der Reichskanzlei. Das Amt ist eine Ehrenwürde. Der Erzbischof von Köln war cancellarius für Italien.
Die Kanzlei ist zuständig für die Ausfertigung der Königsurkunden; das heißt also, daß hier der Schriftverkehr mit dem In- und Ausland erledigt wird. Das bedeutet für das Amt des cancellarius: Er besitzt für die königliche (kaiserliche) Politik eine Schlüsselposition (daher auch die Übernahme des alten Titels im Deutschen Reich von 1870).
comes: „Graf". Der König mußte eigentlich überall gegenwärtig sein, um z. B. Recht zu sprechen. Zur Interessenvertretung während seiner Abwesenheit werden „comites" („Gefährten" des Königs) ernannt. Der comes (frz. *comte,* engl. *count*) ist in seinem Bereich für das zuständig, was der König an Rechten und Pflichten hat. Ein Graf war daher für den Kaiser ein wichtiger Vertreter seiner Macht innerhalb seines Verwaltungsgebietes. Eine besonders einflußreiche Position besaßen die **comites palatini** (Pfalzgrafen) und die Landgrafen, die die Könige zur Kontrolle der mächtigen Herzöge einsetzten.
dux: „(Stammes-)Herzog". Das ältere Reich besaß fünf Stammesherzogtümer, deren Inhaber nicht selten mit der königlichen Macht konkurrierten; die Zahl

erhöhte sich durch Teilung dieser Herzogtümer. Das alte deutsche Reich ist eine Art Föderation dieser – meist sehr mächtigen – Herzogtümer.
episcopus, archiepiscopus: Bischof, Erzbischof. Die Bistümer waren wichtige Zentren staatlicher Aufgaben; daher kam es bei der Einsetzung von Bischöfen oft zu erbitterten Auseinandersetzungen zwischen dem Papst und dem Kaiser. Das ist nicht zu verwundern, weil der Kaiser in den Bischöfen direkte Untergebene sah, die ihn in seiner Politik unterstützten, während der Papst natürlich geistliche Qualifikationen wünschte („regalia contra spiritualia"). Im Wormser Konkordat (1122) wird ein Kompromiß gefunden: Die Bischöfe werden von Volk und Klerus gewählt (also gewissermaßen Wahrnehmung der geistlichen Gewalt; vgl. im Text die Wahl Rainalds von Dassel in Köln), vom Kaiser aber in ihre Verwaltungsaufgaben (regalia) eingewiesen.
miles: Ritter, Lehnsmann, manchmal einfach „Soldat". Ritter waren oft Burgbesitzer; diese Burgen dienten teils dem Schutz wichtiger Straßen, teils waren sie Zuflucht für die Landbevölkerung bei Gefahr. Die Ritter bildeten die wichtigen Kerntruppen der Armeen.

Ob allerdings alle im Text vorkommenden Würdenträger tatsächlich eine ihrem Titel entsprechende Bedeutung besaßen, kann man generell nicht sagen: Auch damals gab es „Titelbesitzer", Leute, die zwar den Titel eines Herzogs, Grafen usw. führten, aber gar kein Land besaßen.

Im deutschen Kaiser- und Königtum des Mittelalters sahen die jeweiligen Herrscher die Fortsetzung des Imperium Romanum. Sie nannten sich römische Könige bzw. Kaiser und waren bestrebt, ihre Herrschaft als die führende politische Macht Europas zu behaupten. Diesem Bestreben standen entgegen: die anderen europäischen Monarchien, vor allem die des Oströmischen Kaisers, aber auch das französische und englische Königshaus und der weltliche Machtanspruch der römischen Kirche.
Die Zeit *Kaiser Friedrichs I. von Hohenstaufen* (1124 bis 1190) ist eine Blütezeit der deutschen Kaiserherrschaft.
Friedrich behauptete gegenüber den anderen europäischen Königen (die er als „reguli" ansah) die Vormachtstellung; er ließ sich 1155 zum König von Italien krönen, im selben Jahr in Rom zum Römischen Kaiser. Die Vormachtstellung in Italien war besonders wichtig, weil hier das Kernland des alten Römischen Reiches lag. Die „reguli" erkannten die Oberherrschaft des deutschen Kaisers allenfalls zeitweise an, unterneh-

▼ Porträtbüste Kaiser Friedrich Barbarossas („Cappenberger Barbarossakopf"). Vergoldete Bronzebüste, aus Aachen, um 1160.

„Sein Charakter ist derart, daß dessen Lob nichts, nicht einmal der Neid auf seine Herrscherstellung, beeinträchtigen kann. Seine leibliche Gestalt ist wohlgebaut, von Statur ist er kleiner als

Kurzer geschichtlicher Überblick

die Größten und größer als die Mittelgroßen, sein Haar ist blond und oben an der Stirn etwas gekräuselt, die Ohren werden kaum durch darüberfallende Haare verdeckt. Seine Augen sind scharf und durchdringend, die Nase ist schön, der Bart rötlich, die Lippen sind schmal und nicht durch breite Mundwinkel erweitert, und das ganze Antlitz ist fröhlich und heiter."
(Rahewin, gest. vor 1177, in: Gesta Friderici)

5 · Chronica Regia Coloniensis

▶ Die **Abb. S. 37–40** stammen aus der Bilderchronik „Kaiser Heinrichs Romfahrt", entstanden um 1340 in Trier. Kaiser Heinrich VII. zog 1310 nach Italien, um dort „die Reichsgewalt wiederherzustellen". Allzu häufig traten die deutschen Kaiser als Eroberer und Besatzer Italiens auf, die Folge waren Spott und Verachtung gegenüber den „unzivilisierten und überheblichen" Deutschen das ganze Mittelalter hindurch bis in die Neuzeit.

men aber nichts gegen ihn; der (oströmische =) byzantinische Kaiser Manuel Komnenós sah in Friedrich éinen Usurpator, der sich gegen den göttlichen Willen die weströmische Kaiserwürde anmaßte (vgl. auch den Text 11.2 von *Liutprandus*). Er unterstützte norditalienische Städte, vor allem Mailand, mit Geld, das ihnen dazu verhalf, die lästige deutsche Herrschaft zu bekämpfen.

So mußte Barbarossa wiederholt seine Stellung in Italien sichern:
1158: Feldzug gegen Mailand; Anlaß: Die Stadt terrorisierte andere norditalienische Städte, die zum deutschen Kaiser hielten (Pavia, Cremona z. B.).
1159: Der kaiserfreundliche Papst Hadrian stirbt; es werden zwei Nachfolger ausgerufen, von denen der eine, Alexander III., ein erbitterter Gegner Friedrichs ist. Er „bannte" (exkommunizierte, d. h. schloß aus der Kirche aus) ihn sofort ebenso wie den kaiserfreundlichen Gegenpapst (Victor IV.). Dieses „Schisma" (Kirchenspaltung) dauert bis 1177. In dieser Zeit findet der im Text geschilderte Feldzug gegen Mailand statt, das mit oströmischem Geld und der Unterstützung des Papstes und anderer Geldgeber den Krieg gegen das Reichsheer wagen kann. Alexander III. schürt von Frankreich aus den Kampf; er gewinnt England und Ungarn für sich.
1162: Mailand wird erobert und zerstört, erholt sich aber trotz der Einschränkungen des Friedensvertrages sehr schnell wieder.
1165: Dem Kaiser gelingt es, Rom zu erobern. Dort wird sein Heer aber von einer Epidemie so dezimiert, daß er nur mit Mühe über die Alpen entkommen kann.
1167: Kaiserfeindliche Städte Italiens schließen ein mächtiges Bündnis, dem der Kaiser 1176 in einer Schlacht unterliegt.
1177: Er demütigt sich vor Papst Alexander, der Bann wird aufgegeben.
1183: Der Kaiser schließt mit den feindlichen Städten einen Frieden, in dem er seine hauptsächlichsten Rechte behaupten kann.
1189: Der Kaiser stellt sich an die Spitze des 3. Kreuzzuges; er ertrinkt 1190 beim Baden im Bergstrom *Saleph* im südlichen Kleinasien (heute *Göksu,* nahe der Stadt *Silifke* = antik *Seleukeia*).

**1
Reichstagsbeschluß;
erste
Vorgefechte
in Norditalien**

Anno Domini 1157   Imperator (habita generali curia cum principibus) expeditionem in Italiam contra Mediolanum *indixit [...].

Anno Domini 1158   Imperator Italiam *intraturus Reinoldum cancellarium suum, virum omni probitatis genere mirabilem, ad Ottonem palatinum comitem praemisit. Qui Bononiam venientes – *peractis ibi negotiis imperialibus – Ravennam secesserunt, ibique ab archiepiscopo civitatis ipsius et multis aliis episcopis honorifice suscepti sunt. Cumque causam adventus sui civibus intimare voluissent, praefectus eiusdem urbis et ceteri quique nobiliores ex urbe secedentes Anchonam profecti sunt – *quasi non imperatori Romanorum, sed Graecorum pro pecunia sibi promissa fidelitatem debitam servaturi.

Quibus redeuntibus accepta pecunia praedictus cancellarius eis occurrit et *inito certamine cum decem suis 300 illorum fugere compulit; ipsum praefectum cum filio et sex nobilioribus cepit secumque Ariminum

15 deduxit. Sequenti autem die versus Anchonam iter arripuit, et dum eum suscipere renuerent, urbem cum exercitu °circumdedit civesque ad deditionem coegit. Post haec, °intercedente archiepiscopo Ravennati pro civibus suis, quos cancellarius captos habebat, eorum absolutionem meruit, totaque civitas domino imperatori fidelitatem iuramento firma-
20 vit, quod ante 200 annos nulli imperatori exhibitum fuerat.

Haec itaque operatus est Reinoldus, cum adhuc esset imperatoris cancellarius.

Igitur imperator maximo exercitu Theutonicorum adunato animose et gloriose Lombardiam ingreditur – multis sibi associatis imperii principibus, inter quos praecipui erant:

rex Boemiae, Fridericus Coloniensis archiepiscopus, Heinricus dux
5 Saxoniae, Fridericus dux Alemanniae, Bertolfus dux Alsatiae, Heinricus dux Karintiae, Ludowicus lantgravius, Cuonradus palatinus Rheni et alii Romanae virtutis proceres.

Transcensis itaque Alpibus ventum est ad fluvium, qui Adua nuncupatur. Mediolanenses vero pontes eiusdem torrentis destruxerant, ut impera-
10 tori impedimentum itineris facerent – mutata superbia illa, qua ante Caesari mandaverant, °scilicet non sibi necesse esse, ut se usque Mediolanum fatigaret, quoniam apud Aduam fluvium ei vellent occurrere.

Itaque quidam ex militibus, freti audacia, subvecti fortibus equis fluvium transvadere coeperunt. Sed multi ex ipsis nimietate undarum pressi sub-
15 mergebantur; aliqui equis submersis vix evaserunt ac quosdam Mediolanensium, quos in ripa offenderant, °fugaverunt. Boemi vero quendam de Langobardis capientes °minis extorserunt, ut eis vadum torrentis ostenderet. Quo demonstrato certatim evadentes constratis pontibus tutum omni exercitui transitum fecerunt per triduum.

**2
Der Kaiser
zieht mit dem
Reichsheer
nach Nord-
italien**

▲ *Die Überquerung der Alpen durch Heinrich VII. mit Gefolge und Heer (hier kombiniert aus zwei Bildern). Links: „Rex ascendit Montsenys" (der König ersteigt den Mont Cenis); rechts: „Henricus Rex descendit Suse anno X°, XXIII*[a] *die Octobris" (König Heinrich steigt am 23. Oktober [13] 10 hinab nach Susa).*

5 · Chronica Regia Coloniensis

▶ *"Bellum in Monte Balistariorum" (das Gefecht am Hügel der Ballisten), in der Gegend von Brescia.*

Caesar vero, ut ulteriores attigit ripas, regiones Mediolanensium ingreditur, cum – ecce – Papienses et Cremonenses cum valido exercitu se ei iunxerunt, qui et ipsi inimici erant Mediolanensium. Nec mora: castrum, cui Trittium nomen est, ubi praesidia Mediolanensium erant, obsessum ceperunt. 20

3
Ein
Fehlschlag

Imperator vero Mediolano °appropinquans praemisit marscalcum cum 50 militibus, ut videret, quo loco castra Caesaris circa civitatem locarentur. Secuti sunt eundem marscalcum plus quam 500 milites, quorum de numero comes Austriae, Ekkebertus nomine, erat – absque iussu imperatoris cum illis profectus. Venientes itaque Mediolanum vident civitatem 5 omni parte munitam obseratis omnibus firmiter portis – neque sonum in ea aliquem omnino facientem. °Considerantes ergo cum otiosa opportunitate civitatem, fossata, stratas et loca, ubi aptius castra metarentur, nullum, ut diximus, ex urbe contra se bellicum motum senserunt.

Sicque citato cursu ad imperatorem redire coeperunt. Comes vero Ekkebertus cum paucis suorum infausto auspicio tardius ac morose regrediebatur. Quod °intuentes, qui in urbe erant, paene ad 2000 e portis eruperunt et, eos insecuti, grave bellum commiserunt. Ibi fortissimus comes Ekkebertus occisus est cum nonnullis – aliqui vero captivati sunt. 10

Quo comperto Caesar inter cenandum praedictum comitem °satis luctuose deploravit, alios de inoboedientia coarguit, ipse vero sequenti die Mediolanum accessit et castra sua ante portam, quae Romana dicitur, locari fecit reliquis principibus circa alias portas et opportuna loca 15

°observantibus excisis vineis, quae in circuitu urbis erant. Sic ergo Medio-
20 lanum a toto exercitu omni parte obsessum est. [...]

4 Mailand während der Belagerung

Cum ergo sic Mediolanenses obsessi essent, quadam die – quietis Caesarianis – arma corripiunt et e tribus portis erumpunt; ex una °scilicet, ubi imperatoris castra erant, ex alia, ubi rex Boemiae °observabat, ex tertia, ubi dux Saxoniae erat. Commissum est itaque grave proelium –Cae-
5 sarianis pro gloria, Mediolensibus pro salute pugnantibus. Victi sunt tandem Mediolanenses et in urbem redire coacti.

Ergo per aliquot dies [Mediolanensibus] sic obsessis multitudine ruricolarum intus conglobata, cum °animalia ad pascua exire °nequirent, foetor ingens in urbe praevaluit. °Considerantes quoque Mediolanenses nequa-
10 quam se imperatoriae °maiestati resistere, deditionem facere °disposuerunt. Episcopo itaque praecedente et clero ac deinde militibus, ad extremum plebe sequente pulchro spectaculo ad tentoria imperatoris processerunt pacem et misericordiam postulantes.

Imperator itaque ex consilio principum veniam pacemque victis indulsit
15 sub congruenti condicione et annui °tributi redibitione. Facta est condicio huius victoriae in nativitate Dei Genetricis Mariae. Ipsa die Caesar coronatus Mediolanum intravit multis ante se imperatoribus hoc ingressu negato. Itaque imperator victoriosus inde digressus acceptis obsidibus fere 500, °velut de Mediolano °securus, ad alia negotia intendit
20 animum.

◀ „Brixia vallatur circumcirca anno Domini M°CCC°XI° in vigilia Ascensionis, scilicet 19. die Maii" (Brescia wird im Jahre des Herrn 1311 an der Vigil von Himmelfahrt, das heißt am 19. Tage des Mai, ringsum eingeschlossen).

5 Vertragsbuch

Nec multo post Reinoldum cancellarium et Cuonradum palatinum misit Mediolanum pro conditione tributi, quod eis victis imposuerat. Mediolanenses vero ingenitae sibi fraudis °memores °necare legatos imperatoris et bellum innovare °disposuerunt. Quod cum cancellario et palatino innotuisset, mutato °habitu nocte de civitate fugientes ad imperatorem venerunt et ei singula, quae acciderant, indicaverunt. Quibus cognitis imperator furore succensus °directis °undique nuntiis principes et exercitum readunari iussit ac denuo Mediolanum obsideri mandavit. Sicque per triennium in obsidione et vastatione non urbis, sed regionis insudavit. [...]

6 Kriegsmethoden

Anno Domini 1159 Imperator Natale Domini in Lombardia celebrat exercitu regiones Mediolanensium obsidente.

(Colonienses vero pari °voto et communi electione Reinoldum cancellarium in °pontificem sibi elegerunt, qui °adhuc in Italia cum imperatore erat.)

His diebus imperator coadunato universo exercitu Cremam urbem munitissimam per septem dies expugnabat. Hi autem, qui in urbe erant – loci munimine freti – duos Theutonicos milites captos in conspectu Caesaris suspenderunt. Quibus visis tam imperator quam exercitus urbem assultu impetebant. Nec pacis aut veniae locus erat, sed quicumque ex utraque parte capiebantur, °statim suspendebantur. Interea dux Saxo-

▶ (S. 41) Büste Rainald von Dassels vom Dreikönigsschrein des Nikolas von Verdun; Köln, 12. Jh.

▶ „Justitia facta de Th(ebaldo) Capitaneo Brixie" (dem Recht wird Genüge getan an Theobaldo, dem Kapitan von Brescia). Theobaldo wurde wegen Hochverrats verurteilt, als Heinrich ihn nach seiner Gefangennahme vergeblich zum Vermittler gewinnen wollte. Das Bild zeigt die einzelnen Szenen der Urteilsvollstreckung. Daraufhin ließen die Brescianer alle von ihnen Gefangenen aufhängen.

niae circa ortum eiusdem diei cum militibus fere 40 agris Mediolanensium astitit viditque eos agriculturae operam dare et pone unumquodque aratrum equitem °armatum incedere. Nacta ergo opportunitate cum clamore militari in eos irruit, qui dimissis armis fugae praesidium arripuerunt. At hi, qui in civitate erant, viso duce portas clauserunt nec fugientes socios intromiserunt. Alii ergo a militibus ducis occisi, alii sunt capti.

Captus est ibi a duce ex Mediolanensibus miles pulcherrimus, armis decorus et sericis indutus et omni °membrorum qualitate spectabilis. Dux itaque Cremis ad imperatorem revertitur. Miles vero ille pro vita sua duo milia marcarum spopondit; sed Caesar vindictam animo gerens aequa sorte ut ceteros iubet ante portam urbis suspendi – multis etiam ex Theutonicis pro forma illius compatientibus.

Tandem Cremenses vim militum ferre non valentes petitis dextris imperatoriae se et urbem tradunt potestati.

**7
Crema fällt;
Rainald
von Dassel
wird Kölner
Erzbischof**

Dedit autem imperator facultatem singulis, ut, quae umero gestare potuissent, efferrent – ubi matrona quaedam (neglectis opibus) virum suum debilem permissu Caesaris umeris impositum urbe eduxit. Sic itaque Crema victa et °subacta est, in qua spes maxime Mediolanensium erat.

Interea legati Coloniensium Italiam veniunt, dominum Reinoldum cancellarium sibi in °pontificem deposcunt. Gavisus ergo imperator, quod locum deferendi honoris ei invenisset, grato animo Coloniensem episcopatum et, quae sui iuris erant, tradidit. Nec multo post Reinoldus accepta °licentia imperatoris de Italia Coloniam venit, novam militiam imperatori adducturus. Susceptus itaque honorifice a capitaneis et civibus Coloniensis ecclesiae dispositis in °brevi negotiis suis cum 300 electis militibus rursum in Lombardiam ad imperatorem revertitur.

Illis diebus imperator (relictis tentoriis et somariis et omnibus impeditivis) expedite cum militibus et armis per diem et noctem rapuit se in terram et montana Brixiensium, destruens pontes et castella pontium per diversas aquas, unde mercatus adduci poterat Mediolanensibus villas quoque innumeras circumquaque devastans. Erat quidem burgus, civitati comparabilis, clausus °lacu, Alpibus et °palude, tam natura et situ loci fortissimus, quam omni divitiarum genere opulentus – adeo ut Brixienses ibi plus quam in Brixia fiduciam haberent et, ut dicebatur, Mediolanenses ibi se recipere cogitaverant, si Mediolano pellerentur.

**8
Kampf um
Brixen**

Cum igitur milites Brixienses et habitatores loci illius innumerabiles fossatis ac vectibus et multiplici munitionis genere ad defensionem se prae-

Adelbert von Chamisso (1781–1838)

Die Weiber von Winsperg

Der erste Hohenstaufen, der König Konrad, lag
Mit Heeresmacht vor Winsperg seit manchem langen Tag;
Der Welfe war geschlagen, noch wehrte sich das Nest,
Die unverzagten Städter, die hielten es noch fest.

Der Hunger kam, der Hunger! das ist ein scharfer Dorn;
Nun suchten sie die Gnade, nun fanden sie den Zorn.
„Ihr habt mir hier erschlagen gar manchen Degen wert,
Und öffnet ihr die Tore, so trifft euch doch das Schwert."

Da sind die Weiber kommen: „Und muß es also sein,
Gewährt uns freien Abzug! wir sind vom Blute rein."
Da hat sich vor den Armen des Helden Zorn gekühlt,
Da hat ein sanft Erbarmen im Herzen er gefühlt.

„Die Weiber mögen abziehn, und jede habe frei,
Was sie vermag zu tragen und ihr das Liebste sei!
Laßt ziehn mit ihrer Bürde sie ungehindert fort,
Das ist des Königs Meinung, das ist des Königs Wort."

Und als der frühe Morgen im Osten kaum gegraut,
Da hat ein seltnes Schauspiel vom Lager man geschaut;
Es öffnet leise, leise sich das bedrängte Tor,
Es schwankt ein Zug von Weibern mit schwerem Schritt hervor.

Tief beugt die Last sie nieder, die auf dem Nacken ruht,
Sie tragen ihre Eh'herrn, das ist ihr liebstes Gut.
„Halt an die argen Weiber!" ruft drohend mancher Wicht; –
Der Kanzler spricht bedeutsam: „Das war die Meinung nicht."

Da hat, wie er's vernommen, der fromme Herr gelacht:
„Und war es nicht die Meinung, sie haben's gut gemacht;
Gesprochen ist gesprochen, das Königswort besteht,
Und zwar von keinem Kanzler zerdeutelt und zerdreht."

So ward das Gold der Krone wohl rein und unentweiht.
Die Sage schallt herüber aus halbvergess'ner Zeit.
Im Jahr eilfhundertvierzig, wie ich's verzeichnet fand,
Galt Königswort noch heilig im deutschen Vaterland.

parassent, ubi per °paludem artissimus patebat introitus, attemptati a militibus Theutonicis, subito victi, °fugati, caesi et captivati sunt innumeri. Civitas capta et praeda mirabilis in ipsa est deprehensa. Totus exer-
15 citus huius praedae copia ditatus esset, nisi intempesto noctis silentio ignis furtim immissus praedam ipsam simul et civitatem in cineres °redegisset.

Accessit huic fortunae, quod ante festum Beati Laurentii capti sunt ex Mediolanensibus amplius quam 500, innumeri occisi – militibus Colo-
20 niensibus pugnam incipientibus et a meridie usque ad noctem cum magno hostium °damno viriliter perseverantibus, imperatore circa vesperum cum centum quinquaginta militibus eis °succurrente et ita ibidem ante ipsam portam Mediolani militante. Ibi sub eo equus suus optimus est interfectus et ipse inter clipeum et corpus lancea crudeliter est
25 petitus. In alium tamen transiliens equum per Dei gratiam intactus et omnino incolumis evasit: miles strenuus, imperator incautus, °felix uterque.

Anno Domini 1160 Imperator Natale Domini in Italia celebrat necdum Mediolano °subacto. Fraudulenter tamen deditionem facere °disponebant. Offerebant siquidem destruere partem fossati, destruere etiam 40 ulnas muri ad introitum et exitum civitatis, ut transeat imperator cum
5 exercitu, et °deicere turres °aequales domibus et praeterea excellentem turrim Sanctae Mariae, dare 300 obsides, decem milia marcarum et °tributum singulis annis de civitate et provincia. Itaque imperator, °conscius °doli illorum, haec respuit universa. Illi tamen fortiter instabant pacto, regem Boemiae et lantgravium sollicitantes precibus et promissis, ut per
10 eos gratiam imperatoris recuperarent. Sed ceteri principes odio lantgravii et Boemii pactum, quod offerebant, imperatorem recipere non patiebantur.

Illis diebus imperatore curiam habente apud Parmam, civitatem Italiae, advenit Stephanus, frater regis Ungariae, regnum laborans °percipere ab
15 imperatore, et ei tria milia marcarum per singulos annos persolvere promittebat. Sed ea res effectum non habuit. Ibi et nuntii Venetiorum Caesarem adeunt pacem et gratiam eius obnixe postulantes, cum quibus ipse honorabiles legationes remisit.

Affuit etiam ibi quidam episcopus Sardiniae, legationem ad imperato-
20 rem a principe Sardiniae, viro potenti et ditissimo, afferens. Promisit siquidem idem princeps investituram et °coronam regni ab imperatoris manu suscipere et tributum honestum annuatim ei persolvere.

Dux etiam Welpho ei curiae interfuit, ducatum Spoletanum ac marchiam totius Tusciae superbe ac minaciter postulans. Sed imperator talia

**9
Vorübergehend Ruhe um Mailand; andere politische Geschäfte des Kaisers**

tantaque °nimis superbe °inquirenti nihil ex omnibus his concedens 25
inexauditum et °quasi confusum abire permisit.

10
**Aufruhr
in Mainz**

Eodem anno Arnoldus Mogontiensis archiepiscopus a civibus suis occisus est. Populus enim furens, °immo daemonium habens, eundem pontificem in civitate obsessum, deinde ad monasterium Sancti Iacobi, quod in °superiori parte urbis situm erat, fugientem persequens ipsum monasterium cum claustro penitus succendit et eum intus latitantem crudeliter peremit. 5

[Anno Domini 1161]

11
**Mailand
gibt auf**

Anno Domini 1162 Mediolanenses, longa obsidione totis iam viribus fracti, interventu quorundam principum adiuti imperatoriae potestati se et civitatem tradiderunt.

In Kalendis namque Martiis consules Mediolanensium cum aliis nobilioribus 20 ante conspectum Caesaris venientes et ante pedes ipsius procidentes gladiosque nudos cervicibus suis imponentes veniam pro se et ceteris omnibus postulabant – facturi animo volenti, quaecumque iuberentur. 5

Iussit ergo imperator omnes consules et exconsulares, maiores, milites, legistas et iudices in obsidatu teneri – populumque vero °tamquam 10
°minus reum sacramento obstrictum in civitatem remitti, muros civitatis cum turribus funditus destrui, fossatum impleri. [...]

Sequenti die dominica, qua convenienter °cantabatur „*Reminiscere miserationum tuarum, Domine!*", plus quam trecenti electissimi milites Mediolanensium cum praefatis consulibus venientes item praesidente 15
domino imperatore prociderunt et tam pulchre quam miserabiliter perorantes solam misericordiam invocabant, claves civitatis obtulerunt, omnium portarum atque acierum resignantes vexilla principalia, quae erant numero 36; et ipsi sacramenta eadem quae consules praestiterunt. Postea – tertia feria – venit populus cum carracio, quod apud eos „standart" dicitur, et cum reliqua militum multitudine, afferens omnium viciniarum vexilla 100 et paulo plura. [...] 20

Imperator in solio excelsior residens quam cito ab illis videbatur, tubicines stantes in °curru tubis aëreis fortius intonabant [...] et finito clangore imperatoriae receptioni sunt oblatae tubae. Deinde singuli viciniarum 25
maiores procedebant, profitentes vexilla sua per ordinem a primo usque ad ultimum resignantes. Stabat autem currus multiplici robore consaeptus ad pugnandum desuper °satis aptatus: ferro fortissime ligatus, de cuius medio surrexit arbor procera, ab imo usque ad summum ferro, ner-

◄ Das Ideal der deutschen Kaiser: Otto II. (955–983) mit den Personifikationen der vier Teile des Reiches; vorn rechts huldigt Italien. Miniatur aus Trier, um 983. Die ottonische Politik sieht in der Kaiserkrönung Ottos I. 962 eine „Renovatio" des „Imperium Romanum", der italienische Mönch Benedikt aus dem Kloster S. Andrea am Monte Soratte beschreibt gleichzeitig das Ereignis als Erneuerung der „Gefangenschaft Roms in den Händen der Barbaren". (→ Text 11.2)

30 vis et funibus tenacissime circumtexta. In huius summitate supereminebat °crucis effigies, in cuius anteriori parte Beatus depingebatur Ambrosius, ante °prospiciens et benedictionem intendens, quocumque currus verteretur. [...]

Tunc milites populusque unanimiter in °facies suas ceciderunt plorantes
35 et misericordiam invocantes. Post haec quodam consule miserabiliter perorante finita oratione omnis multitudo rursus procidit et °cruces, quas tenebant, extendens cum eiulatu magno in virtute °crucis misericordiam invocavit. Unde vehementer moti sunt ad lacrimas, quicumque audiverunt – sed imperatoris °facies non est immutata.

40 Tertio comes Blandratensis pro illis – olim amicis suis – miserabiliter perorans vim fecit omnibus, ut possint lacrimari [...] – sed solus imperator °faciem suam firmavit ut petram. Deinde ab episcopo Coloniensi facta est deditionis eorum pura distinctio; et ab ipsis responsa est mera confessio.

5 · Chronica Regia Coloniensis

Preislied

Mediolanensium
Dolor est immensus.
Prae dolore nimio
Conturbatur sensus.
Civibus Ambrosii
Furor est accensus,
Dum ab eis petitur
Ut a servis census.

*Aus einem Preislied auf Friedrich I.
nach dem Sieg bei Mailand*

Sequenz vom heiligen Kreuz
Adam von St. Victor († um 1192)

Laudes crucis attollamus
Nos, qui °crucis exultamus
   Speciali gloria:
Nam in cruce triumphamus,
Hostem °ferum superamus
   Vitali victoria.

Porro imperator implorantibus illis respondit [...] et opportuno tempore misericordiam se facturum ex consilio promisit et sic dimittens universos sequenti die item omnes praesentari fecit. Illi autem spe misericordiae °cruces, quas tenebant in manibus, per cancellos in caminatam imperatricis proiciebant, cum ante conspectum eius introitum non haberent. 45

50

Illis igitur altera die praesentatis et plorantibus respondit imperator se facere velle principium misericordiae et principium iudicii; dixitque, si iustitiae iudiciis esset agendum, omnes eos vita debere privari, sed nunc misericordiae locum dari opportere. [...]

Mediolanensibus autem praeceptum est, ut quilibet ad villas et domos suas reverteretur et ut agricolae agrorum culturae darent operam. In civitate vero nulli permittebatur habitatio! 55

Imperator vero in pascha Domini Papiae coronatus magnificam et sollemnem curiam cum ingenti omnium gaudio ibidem celebravit cum universis Lombardiae principibus, marchionibus, comitibus, baronibus, capitaneis ac consulibus. 60

Caesarius von Heisterbach
Menschen zwischen Gott und Teufel

Caesarius wurde 1199 Mönch in der Zisterzienserabtei Heisterbach, in der Nähe Bonns. Er wurde Prior in dieser Abtei; um 1240 ist er gestorben. Caesarius hat ein umfangreiches literarisches Werk hinterlassen, von dem der „Dialogus miraculorum" am bekanntesten ist (Teil des größeren Werks: „Libri VIII miraculorum"). Schüler des Klosters sollten das Werk benutzen, um daraus „exempla" für Predigten zu gewinnen; es diente aber sicher auch besinnlicher Lektüre. Man kann annehmen, daß Caesarius viele Erzählungen von wandernden Mönchen und Schülern hörte, die in Heisterbach einkehrten; doch sind einige Geschichten nach eigenem Zeugnis auch selbst erlebt.

Im 12. Jahrhundert blühte die mittelhochdeutsche Literatur, sie beschrieb die „Welt", das „saeculum"; man erzählte von Helden, von Liebe, vom Ritterkampf. Wahrscheinlich ist es diese weltliche Konkurrenz, die Caesarius veranlaßt hat, seine Texte mit literarischem Ehrgeiz zu verfassen. Für ihn muß es eine wichtige Aufgabe gewesen sein, neben die weltliche Literatur eine ebenso anziehende geistliche zu stellen. So findet man in seinen Geschichten anekdotenhafte, fast schwankartige Texte, die aber trotzdem nie den Anspruch verleugnen, geistliche Botschaft zu tragen.

Seine Weltsicht ist für seine Zeit typisch: Gute und böse Kräfte dringen auf die Menschen ein, sie versuchen, die menschliche Seele für sich zu gewinnen. So ist ihm die Welt voller Geister: allgegenwärtig sind Engel und Teufel; das Wunder – sei es nun göttlicher oder teuflischer Natur – ist selbstverständlich. Gerade in dieser Fremdheit der alten Texte liegt aber *auch* ein Reiz, der *neugierig* macht.

Aus: *Dialogus miraculorum*

◀ Miniatur einer Bibliothek mit Mönchen. Aus einer Handschrift von Hrabanus Maurus' „De rerum naturis", Beginn des Kapitels „De Bybliotheca", aus dem Jahre 1425. Bibliotheca Palatina

6 · Caesarius von Heisterbach

▶ Nonnen und Mönche ziehen ins Kloster ein. Dom zu Gurk/ Kärnten, um 1400

In diese Weltsicht muß man sich zunächst hineinversetzen. Das heißt, man muß den Autor in seiner Art, das Leben zu deuten, ernst nehmen. Der vorangestellte Text des modernen Autors G. Kunert („Der polnische Baum") soll dabei etwas helfen; er soll bereit machen, den naturwissenschaftlich geschulten Verstand, der unser Weltbild ausmacht, für die Dauer der Lektüre nicht ständig aufzurufen.

Dieser moderne Text verfolgt eine ganz andere Erzählabsicht, als wir sie bei Caesarius finden. Für Caesarius sind alle irrationalen Ereignisse, von denen er berichtet, *Realität*. Kunert dagegen benutzt das *nicht* als Realität Vorstellbare zur Sprach-Verfremdung: Wir sollen stutzig werden und über das Gesagte nachdenken, also über das schreckliche Leid, das Deutsche im 2. Weltkrieg über polnische Kinder gebracht haben und von dem sie heute oft nichts mehr wissen wollen.

Der polnische Baum
Günter Kunert

Ein Baum ist gestanden außerhalb, aber noch in Sicht des Städtchens Kielce, unbekannt weithin, fern der Welt, am Rande der Historie immer gelegen.

Aus dem umfänglichen Laubwerk, aus dem tiefgrünen Gewipfel soll an manchen Tagen ein Weinen wie von Kinderstimmen vernehmbar sein, wenn der Wind hineinfährt. Schreien und Wimmern, Seufzen, das in schnarrenden Geräuschen, in atemloser Stille endigt. Nicht jeder, sagt man in Kielce, hat auch die richtigen Ohren, um zu hören, was in dem zitternden Gezweig laut wird.

Ein deutscher Wissenschaftler, bewaffnet mit einem Tonbandgerät, lauerte lange Zeit gutwillig unter der riesigen Blätterkrone, ohne etwas phonetisch Besonderes aufnehmen zu können, und verweist ins Reich der Sage, was von dem Baum und den Kindern berichtet wird. Er sagt: Bis auf die Eiche und zwei Häher ist alles andere wissenschaftlich unhaltbar.

Aus: *Tagträume in Berlin und andernorts.* München (Hanser 1972)

Monachus: Miles quidam, Benneco nomine, de villa Palmirsdorp oriundus, mecum in probatione novicius fuit – vir quidem aetate grandaevus, sed circa propositum religionis minus devotus. Multis modis tentatus et in tentatione victus: cum non acquiesceret consilio fratrum, sicut
5 °canis ad vomitum, sic miser reversus est ad °saeculum. Secunda vice id actitans, praeventus infirmitate in domo propria in °habitu °saeculari diem clausit extremum, nullum poenitentiae demonstrans indicium. Qui cum moreretur, tantus fuit circa domum flatus ventorum, tanta super tectum multitudo corvorum, ut (excepta una vetula) omnes de
10 domo territi fugerent et morientem desererent. Ecce quali morte moriuntur, qui a Deo recedunt!

Novicius: Puto, quia flatus ille ventorum et turba crocitantium corvorum evidens fuerit signum praesentiae °daemoniorum.

Monachus: °Plane ita est. Ait enim Salvator: *Nemo mittens manum ad*
15 *aratrum et respiciens aptus est regno caelorum.* Miles iste, quia per apostasiam retro respexit, ministris gehennae de se gaudium fecit. [...]

**6.1
De conversione**
Distinctio prima (15)

[...] **Monachus:** Erat iuvenis quidam in studio, qui (suggerente humani generis inimico) talia quaedam °peccata commiserat, quae [...] nulli hominum °confiteri potuit. Cogitans tamen, quae malis °praeparata sunt tormenta gehennae et quae bonis abscondita sunt gaudia perennis
5 vitae (timens etiam cotidie iudicium Dei super se), intus torquebatur morsu °conscientiae. [...] Quid plura? [...] °Priorem vocavit et, quia °confitendi gratia venisset, indicavit. Ille – paratus ad tale officium, sicut omnes fratres sunt eiusdem °monasterii – °statim venit. In loco ad hoc deputato sedit, iuvenem °confiteri exspectavit. Mira res [...]: quotiens
10 °confessionem inciperet, totiens singultibus intercepta vox defecit. In oculis lacrimae, suspiria in pectore, singultus erant in gutture.

Haec ut vidit Prior, dicebat scholari: „Vade, scribe °peccata tua in schedula, et defer ad me!" Placuit consilium iuveni; abiit, scripsit, die altera rediit [...], schedulam Priori porrexit. Legit Prior et obstipuit. Dixitque
15 iuveni: „Non sufficio tibi solus dare consilium. Vis, ut ostendam °Abbati?" Et licentiavit ei.

Venit Prior ad Abbatem et porrexit schedulam legendam, rem ei per ordinem exponens. (Quid deinde gestum sit, audiant °peccatores et consolentur, desperati et recreentur!) Mox enim ut Abbas chartulam ad
20 legendum aperuit, totam eius continentiam deletam invenit.

Impletum est in eo, quod Dominus per Isaiam dicit: *Delevi ut nubem iniquitatem tuam et ut nebulam °peccata tua.* Et ait Abbas Priori: „Quid legam in schedula ista? Nihil in ea scriptum est!" [...]

**6.2
De contritione**
Distinctio secunda (10)

49

6 · Caesarius von Heisterbach

▶ *Das abgeschlossene Weltbild des Mittelalters in einer Zeichnung des 13. Jh.s (Paris, Bibliothèque Nationale): „Die geozentrische [= auf die Erde als Mittelpunkt bezogen] Weltvorstellung des Mittelalters war in ein theologisch-philosophisches Weltbild eingebaut – mit geistig-religiösen Bereichen, die auf den realen Kugelschalen der astronomischen Welt aufbauten: zuerst die Spären der vier Elemente, dann die Sphären der sieben Planeten, die Fixsternsphäre, zwei Sphären («nona», «decima», für Bewegungen wie die Präzession [= eine durch die Kreiselbewegung der Erdachse verursachte Himmelserscheinung], dann Sphären des Natürlichen und Geistigen, dann die verschiedenen Engelwesen («intelligentia nona» = «seraphyn» etc.) bis hinauf zu Gott als Allesschöpfer («creator omnium») und erste Ursache («causa prima»). Der Mensch, als unvollkommenes Wesen, konnte sich durch die verschiedenen Stufen der Vollkommenheit bis zu Gott empordienen." (Jürgen Teichmann)*

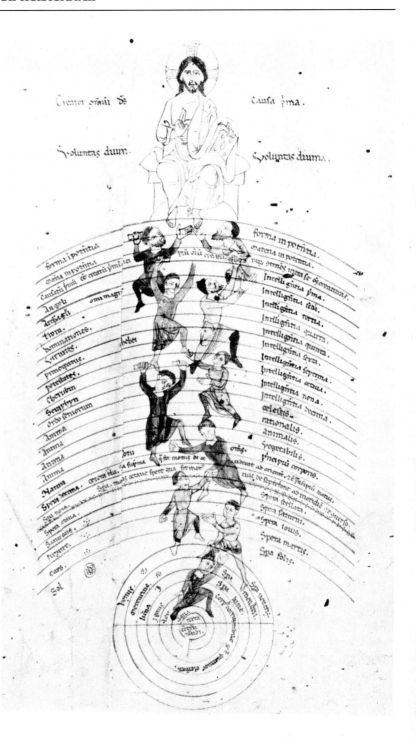

Monachus: °Abbas quidam nigri ordinis (vir bonus et disciplinatus) monachos habebat °satis mirabiles ac dissolutos. Die quadam quidam ex eis °praeparaverant sibi diversi generis °carnes et °vina delicata. Quibus cum uti non auderent in aliqua officina timore Abbatis, congregati sunt
5 in vas vinarium maximum et vacuum, quod vulgo dicitur „tunna", °illuc deferentes °praeparata. Dictum est Abbati, quod tales monachi in vase tali convivium celebrarent. Qui °statim cum magno °maerore animi accurrens et introspiciens convivantium °laetitiam sua praesentia °convertit in tristitiam. Quos cum territos aspiceret, iocunditatem simulans
10 intravit ad illos et ait: „Eia fratres! Voluistis sine me comedere et bibere? Non hoc arbitror iustum. Credite mihi: Ego vobiscum prandebo!"

Lavitque manus – cum illis comedens et °bibens, exemplo tali territos confortans.

Die sequenti (°Priore tamen praemonito et, quid facere deberet,
15 instructo) Abbas monachis illis praesentibus in Capitulo coram illo surgens et veniam petens cum multa humilitate tremorem ac timorem simulans in haec verba proripuit: „°Confiteor vobis, domine Prior, fratribusque meis universis, quod (vitio gulae victus) ego °peccator heri in absconso loco et °quasi furtive in vase vinario *contra praeceptum et regu-*
20 *lam patris mei Sancti Benedicti* °carnes manducavi." °Statim residens: „Sinite, ut vapulem, quia melius est, ut luam hic quam in futuro."

Qui cum accepta disciplina [...] reversus fuisset in locum suum, praedicti monachi – timentes ab eo proclamari, si dissimularent – ultro surgentes eundem °confessi sunt excessum. [...]

25 Sicque °prudens °medicus, quos verbo minus emendare potuit, exemplo °correxit. [...]

**6.3
De confessione**
Distinctio tertia (49)

Monachus: Anno praeterito in °monasterio quodam °ordinis nostri iuxta Frisiam, quod Yesse dicitur, duae parvulae puellae ad litteras positae fuerunt. Quae cum magno fervore discentes °satis inter se contenderunt, ut una alteri in studio et scientia °superior haberetur. °Interim con-
5 tigit unam infirmari. Quae comparis suae profectui invidens satis coepit tentari – timens, quod °interim multa discere posset. Vocansque °Priorissam coepit illi supplicare dicens: „Bona domina! °Quando venerit ad me mater mea, ego requiram ab ea sex denarios, quos vobis dabo, ut non patiamini discere sororem meam, donec convaluero. Timeo enim, ne
10 praecellat me!" Ad quod verbum risit °Priorissa, puellae fervorem satis admirans.

Novicius: Dic, obsecro, quae est medicina contra invidiam!
Monachus: Obsequia caritatis.

**6.4
De tentatione**
Distinctio quarta (25)

6.5
De daemonibus
Distinctio quinta
(21 I/II)

Im Mittelalter entwickelten sich immer wieder sog. *Ketzerbewegungen*. Die Anhänger dieser Glaubensrichtungen beriefen sich auf die Bibel und bezeichneten sich selbst als boni homines, christiani oder auch als *„Katharer"* (griech. katharós „rein") = Anhänger der reinen Lehre.
Die Zeit, in der die distinctiones entstanden, war erfüllt von einer besonders starken Katharer-Bewegung, der Ketzerei der *Albigenser*. Genannt werden sie – mehr zufällig – nach der südfranzösischen Stadt *Albi*, in der ein Versöhnungsgespräch zwischen ihnen und der römischen Kirche stattfinden sollte.
Die Albigenser rechtfertigten Gott, indem sie ihm die Verantwortung für das Böse in der Welt „abnehmen": Nicht er sei der Schöpfer („Demiurg") dieser Welt, sondern der Teufel. Danach ist also der Gott der Schöpfungsgeschichte in Wirklichkeit Satanas. Gott ist dagegen das Prinzip des Guten in der Welt. Wer ihm dient, kann die Moral der Nächstenliebe entwickeln und durch sein Wirken den Teufel-Gott des Alten Testaments besiegen helfen.
Am Ende eines jeden Lebens steht die Trennung der göttlichen Seele von ihrem irdisch-teuflischen Leib; am Jüngsten Tag wird diese Seele zu Gott eingehen und in ihm erst das wahre Leben führen. In der Zwischenzeit ist sie auf Wanderung durch andere Körper („Seelenwanderung").
Christus ist für die Albigenser nicht Gottes Sohn. Die Welt konnte ja auch gar nicht erlöst werden, da sie ohnehin teuflisch ist. Er ist ein Engel Gottes, der die Menschen von der Notwendigkeit des Guten, das bei Gott wohnt, überzeugen sollte. Als Engel konnte er nicht getötet werden, und es ist eine Unsitte, das Kreuz, an dem er starb, als Heilszeichen zu betrachten. (*„Gott ist kein Analphabet, der ein Kreuz macht, statt zu schreiben",* sagten die Albigenser hierzu in einem Wortspiel mit dem Wort „Kreuz".)
Damit verwarfen die Albigenser das gesamte Dogma der Kirche und die Botschaft des Neuen Testaments.
Der Kampf der katholischen Kirche gegen diese Katharerbewegung dauerte lange, denn die Albigenser hatten – vor allem in Frankreich – eine große Anhängerschaft.
Der **„Albigenserkreuzzug"** (um 1200) wurde mit schrecklicher Grausamkeit geführt (Béziers allein verlor alle Einwohner!) und endete mit der Ausrottung der Albigenserbewegung.

21/I

Monachus: Temporibus Innocentii Papae [...] °diaboli invidia Albiensium haereses coeperunt [...] maturescere. [...]
Novicius: Quis fuit °error illorum? [...]

Monachus: *Duo credunt principia:* Deum bonum et deum malum – id est: diabolum, quem dicunt omnia °creare *corpora,* sicut Deum bonum omnes *animas.* [...]

Corporum resurrectionem negant; quidquid beneficii mortuis a vivis impenditur, irrident. Ire ad °ecclesias vel in eis orare nihil dicunt prodesse [...] Baptismum abiecerunt. Sacramentum corporis et sanguinis Christi blasphemant [...]. Gloriam °spiritus dicunt se exspectare. Quidam monachus, cernens quendam militem, in equo sedentem, loqui cum aratore suo – haereticum illum aestimans, sicut fuit –, propius accedens

◄ „Die Hölle", französische Buchminiatur des 15. Jh.s (Bibliothèque Sainte-Genivière)

ait: „Dicite mihi, ˚probe vir, cuius est ager iste?" Respondente illo: „Meus est!", subiecit: „Et quid de fructu illius facitis?" „Ego", inquit, „et familia mea de eo vivimus. Aliquid etiam erogo pauperibus." Dicente monacho: „Quid boni speratis de eleemosyna illa?", respondit miles hoc verbum: *„Ut spiritus meus gloriose pergat post mortem!"* Tunc monachus: „Quo [...] perget?" Ait miles: „˚Secundum meritum meum. Si bene vixit et hoc apud Deum meruit, exiens de corpore meo ˚intrabit corpus alicuius futuri principis sive regis vel alterius cuiuslibet personae illustris, in quo delicietur. Si autem male, corpus intrabit miseri pauperisque, in quo tribuletur."

Credidit stultus – sicut et ceteri Albienses –, quod anima secundum meritum transeat per diversa corpora – etiam ˚animalium et serpentum!"

Novicius: Foeda haeresis! [...]

21/II **Monachus:** Anno Domini millesimo ducentesimo decimo praedicata est contra Albienses in tota Alemania et Francia °crux. Et ascenderunt contra eos anno sequenti de Alemania Lupoldus, Dux Austriae, Engilbertus, tunc Praepositus; postea Archiepiscopus Coloniensis et frater eius, Adolphus Comes de Monte, Wilhelmus, Comes Juliacensis et alii multi diversae conditionis atque dignitatis. [...]

Venientes ad civitatem magnam, quae Biders vocatur, in qua plus quam centum milia hominum fuisse dicebantur, obsederunt illam. In quorum aspectu haeretici super volumen Sacri Evangelii mingentes de muro illud contra Christianos °proiecerunt et (sagittis post illud missis) clamaverunt: *„Ecce! Lex vestra, miseri!"*

Christus vero, Evangelii sator, iniuriam sibi illatam non reliquit inultam. Nam quidam satellites, zelo fidei °accensi, °leonibus similes scalis appositis [...] muros intrepide ascenderunt. Haereticisque divinitus territis et declinantibus sequentibus portas aperientes civitatem obtinuerunt.

Cognoscentes ex °confessionibus illorum catholicos cum haereticis esse permixtos, dixerunt °Abbati: „Quid faciamus, domine? Non possumus °discernere inter bonos et malos!" Timens tam °Abbas quam reliqui, ne tantum timore mortis se catholicos simularent et post ipsorum abscessum iterum ad perfidiam redirent, fertur dixisse: *„Caedite eos! Novit enim Dominus, qui sunt eius!"* Sicque innumerabiles occisi sunt in civitate illa.

Beziers

Nikolaus Lenau (1802 – 1850)

Es läßt die Sanduhr Korn an Korn verrinnen,
Und fällt das letzte, ist die Stund' von hinnen;
Also mit jedem Augenblicke fällt
ein Toter in Beziers zum blut'gen Grunde;
Ein Dämon hat die Leichenuhr bestellt,
Daran zu messen eine Menschenstunde.
Das wilde Kreuzesheer ist eingedrungen,
Und alles Leben wird hinabgerungen.

Simon voran, der harte Todesdegen,
Und fallen muß, wer sich ihm wagt entgegen.
Nicht rühmt das Lied den Tapfern nach Gebühren,
Weil es vom Wirbel bis zur Ferse nieder
Ihn haßt und jedes Zücken seiner Glieder,
Und Schild und Speer und alles, was sie führen.

Abt Arnald ruft ins Fechten, wo es stockt:
„Haut ein! der Ablaß und die Beute lockt!"
Den Priester reitet Simon an, zu fragen:
„Herr, sollen wir auch Katholiken schlagen?
Der Unsern viele sind in diesen Mauern;
Ist hier gestattet Mitleid und Bedauern?"

Der Abt entgegnet: „Dessen ist nicht not;
Schlagt Ketzer, Katholiken, alle tot!
Wenn sie gemengt auch durcheinander liegen,
Gott weiß die Seinen schon herauszukriegen."

Wenn still und lautlos ginge dies Zerstören,
Man müßte aus den Wunden hier das Blut
Gleich einem Bach im Walde rauschen hören,
Doch wie ein Meer im Sturme schreit die Wut;
Es brennt die Stadt, die Flamme hilft den Waffen;
Wenn Tiger nach Beziers herzögen lüstern,
Den Rauch des Blutes in den heißen Nüstern,
Sie würden müßig hier, bewundernd gaffen.

Dort flüchten Tausende zur Kathedrale,
Nachjauchzt der Mord mit hochgeschwungnem Stahle;
In allen Gassen, Häusern und Gemächern,
In jedem Sparrenwinkel unter Dächern,
In jedem tiefen, dunklen Kellerbogen
Wird nachgesucht und wilden Mords gepflogen.

Vom Giebel wird ein Ketzer dort geschleift,
Wie sonst ins Taubennest der Marder greift;
Hier pocht der Scherge an des Fasses Dauben,
Und tönt es dumpf, so wird es aufgebrochen,
Ob nicht ein Ketzer sich hineinverkrochen;
Sein Blut gilt werter als das Blut der Trauben.

„Komm, Heil'ger Geist!" die Priester alle singen.
Kein Greuel kann wie der das Herz empören;
Der Opfer viele in die Flamme springen,
Um nur die Mörder singen nicht zu hören.
Doch Tausende sind jener auch gefallen,
Für welche süß der Lobsang würde schallen.
Die Stund' ist aus, nichts gibt es mehr zu morden,
Hoch brennt die Stadt, und weiter ziehn die Horden.

6 · Caesarius von Heisterbach

▶ Ketzerverbrennung in Schwarzenburg (Schweiz). Aus der Spiezer Chronik des D. Schilling, 1485

**Z1
Verbrennung einer Ketzergruppe bei Köln**
Aus:
Chronica Regia Coloniensis,
Jahr 1163

Hoc etiam anno quidam haeretici de secta eorum, qui Kattari nuncupantur, de Flandria partibus Coloniae advenientes prope civitatem in quodam horreo occulte mansitare coeperunt. Sed dum neque dominico die °ecclesiam °intrarent, a circummanentibus °deprehensi et detecti sunt. Qui °ecclesiae catholicae repraesentati et °satis diu de secta sua examinati, dum nullis probabilibus documentis °corrigi possent, sed in suo proposito pertinacissime persisterent, °eiecti sunt ab °ecclesia et in manus laïcorum traditi. Qui eos extra urbem educentes Non.Aug. ignibus tradiderunt, mares quattuor et iuvenculam unam. Quae dum miseratione populi prope servaretur, si forte interitu aliorum terreretur et saniori consilio acquiesceret, subito de manibus se tenentium °elapsa ultro ignibus se °iniecit et periit. 5

**Z2
De haereticis Coloniae combustis**
Aus:
Disctinctio 5, 19

Über diese Häretikergruppe berichtet auch Caesarius:

Haeretici ducti sunt extra civitatem et iuxta cimiterium Iudaeorum simul in ignem missi. Qui cum fortiter °arderent (multis videntibus et audientibus), Arnoldus semiustis discipulorum capitibus manum imponens ait:

„Constantes estote in fide vestra, quia hodie eritis cum Laurentio!" (cum tamen °nimis discordarent a fide Laurentii!). Cum esset inter eos virgo quaedam speciosa (sed haeretica!) et quorundam passione ab igne subtracta promittentium, quia vel eam viro traderent vel, si hoc magis placeret, in °monasterio virginum locarent, [et] cum verbo tenus °consensisset, iam extinctis haereticis tenentibus se dixit: „Dicite mihi: ubi iacet seductor ille?" Cumque ei demonstrassent magistrum Arnoldum, ex manibus illorum elapsa – facie veste tecta – super extincti corpus °ruit et cum illo in infernum – perpetuo °arsura – descendit. 5

10

Monachus: Igitur Ensfridus de episcopatu Coloniensi oriundus fuit, vir simplex et rectus et in misericordiae operibus praecipuus. [...] Habebat cognatum, Fredericum nomine, eiusdem °ecclesiae canonicum, officio cellerarium. Iste avunculum saepius arguere consuevit de indiscreta
5 °liberalitate; et ipse versa vice increpabatur ab illo de nimia parcitate. Habebant enim communes expensas; et idcirco gravabatur Fredericus, quia, quidquid rapere potuit Decanus, occulte dabat pauperibus.

Tempore quodam idem Fredericus de officio suo multos et magnos habens porcos occidit et in pernas formavit. Easque in coquina tempori
10 congruo conservandas suspendit. Quas Decanus frequenter °intuens earumque suspendio °satis invidens, cum nullam ex eis a cognato petere posset vel praesumeret, °dolum sanctum, dolum pium, dolum memoria dignissimum excogitavit. Quotiens neminem sensit esse in coquina, ipsam latenter °intrans [...] scalis suspensorium ascendit, et ex ea parte
15 pernas, qua muro coniungebantur, omnes paene °usque ad medietatem °incidit. Anteriorem vero integram reliquit. [...]

Ista faciebat per dies multos °carnes abscisas viduis, egenis atque pupillis °distribuens. Quid plura? Tandem furtum rei familiaris cognoscitur, fur quaeritur, sed citius invenitur. Furit clericus, silet Decanus, et cum ille
20 fratrum praebendam et totius anni subsidia se perdidisse conqueretur, vir sanctus verbis, quibus potuit eum lenire, studuit dicens:

„Bone cognate, melius est, ut modicum defectum patiaris, quam pauperes fame moriantur." Quibus verbis placatus tacuit.

Alio tempore eunte eo ad Sanctum Geronem [...] pauper eum importu-
25 nis clamoribus sequebatur, et cum non haberet, quod illi dare posset, scholasticum se sequentem paululum antecedere iussit. Secedensque in angulum iuxta °ecclesiam Beatae Dei Genetricis Mariae [...], quia aliam vestem exuere non potuit, aspiciente paupere femoralia sua solvit et cadere dimisit. Quae ille levans gaudens discessit [...]."

30 **Novicius:** „Tale aliquid non legitur in actis Sancti Martini. Plus fuit bracas dare quam pallium dividere!"

Monachus: In °monasterio quodam sanctimonalium, cuius nomen ignoro, ante non multos annos virgo quaedam degebat nomine Beatrix. Erat enim corpore speciosa, mente devota et in obsequio Dei Genetricis ferventissima. °Quotiens illi speciales orationes sive venias secretius
5 offerre potuit, pro maximis deliciis reputavit. Facta vero custos. Hoc egit °tanto devotius, °quanto liberius.

Quam clericus quidam videns et concupiscens procari coepit. Illā verba luxuriae °spernente, istoque °tanto importunius instante, serpens anti-

6.6 De simplicitate
Distinctio sexta (5)

6.7 De Sancta Maria
Distinctio septima (34)

quus tam vehementer pectus eius succendit, ut flammam amoris ferre
non posset. Accedens vero ad altare Beatae Virginis, patronae oratorii,   10
sic ait: „Domina, °quanto devotius potui, servivi tibi. Ecce, claves tuas tibi
resigno. Tentationes °carnis diutius sustinere non valeo." Positisque
super altare clavibus °clam secuta est clericum.

Quam cum miser ille corrupisset, post dies paucos abiecit. Illa, cum non
haberet, unde viveret, et ad claustrum redire erubesceret, facta est mere-   15
trix. In quo vitio cum publice quindecim annos transegisset, die quadam
in °habitu °saeculari ad portam venit °monasterii. Quae cum dixisset por-
tario: „Nosti Beatricem quandoque huius oratorii custodem?", respondit: „Optime novi. Est enim domina °proba et sancta, et sine querela ab
infantia °usque ad hanc diem in nostro °monasterio conversata."   20

Illa – verba hominis notans, sed non intelligens – dum abire vellet, Mater
misericordiae in effigie nota ei apparens ait: „Ego per quindecim annos
absentiae tuae officium tuum supplevi. Revertere nunc in locum tuum, et
poenitentiam age, quia nullus hominum novit excessum tuum." – In
forma siquidem et °habitu illius Dei Genetrix vices egerat custodiae.   25

Quae °mox ingressa, quamdiu vixit, gratias egit, per °confessionem circa
se gesta manifestans.

6.8
De diversis visionibus
Distinctio octava (86)

Monachus: Domina Eufemia °Abbatissa, quae ante annos paucos
defuncta est, cum °adhuc puella esset in scholis, duae ei virgines in som-
nis apparuerunt, quae sub extrema parte dormitorii, quod cellario conti-
guum erat, se indigne iacere conquestae sunt.

Illa sicut puella – visum ut visum reputans – tacuit. Postea, cum esset   5
adulta, secundo ei in loco eodem sub forma et °habitu speciosissimarum
virginum cingulo tenus apparuerunt, °quasi dicerent: „Exire de loco isto
non possumus nisi per te!"

Tunc – °memor primae visionis – eam, quae °potior videbatur, °interroga-
vit dicens: „Quod est nomen tuum?" Respondit illa: „Anathasia!" Ab illo   10
tempore Eufemia importune conventui coepit suggerere, quatenus cellarium °usque ad finem dormitorii extenderent, dicens sine ambiguitate
duas ibi virgines esse reperiendas. Pollicebatur etiam, quod tres solidos
communibus expensis superadderet. Acquievit tandem conventus – et
(sicut mihi rettulit Rembodo, conversus noster, cui idem opus fuerat   15
commissum), cum terra tota fuisset °eiecta in praesentia praedictae sanc-
timonialis, sub °fundamento muri sacra illa duo corpora sunt reperta.
Quas illa, priusquam °Abbatissa fieret, nobis transmisit. Et celebrata est
de eis eodem die missa sollemniter in conventu. [...]

Monachus: Fuit [...] puella quaedam obsessa, laïca tamen, quam et ego [...] vidi. Requisitus °diabolus a quodam sacerdote, cur tanto tempore tam crudeliter Hartdyfa de Cogheme torqueretur, per os puellae respondit: „Quare? Bene et optima meruit. Ipsa Altissimum super olera sua
5 seminavit."

Qui cum verbum minus intellegeret nec ille exponere vellet, sacerdos °feminam adiit: Quid de ea diabolus dixerit, exposuit, monens, ne negaret, si intellegeret. Quae °statim culpam °confessa est dicens: „Verbum bene intellego, quod numquam tamen homini per me publicatum est. –
10 Quando iuvencula eram et hortum excolendum suscepissem, nocte quadam mulierem vagam hospitio recepi. Cui cum °damna horti mei exposuissem asserens omnia olera ab erucis devorari, respondit illa: ‚Bonam te instruam medicinam. Accipe corpus Domini et comminue illud; sicque super olera spargas, et °statim lues cessabit.'

15 Ego misera fui, cui maior cura erat de horto quam de °sacramento, cum in Pascha corpus Domini suscepissem et extractum de eo fecissem – sicut docta fueram –, quod oleribus in remedium, mihi (teste °diabolo!) factum est in tormentum!"

Novicius: Crudelior erat mulier haec °ministris Pilati, qui Iesu mortuo
20 pepercerunt, ne ossa eius comminuerent.

Monachus: Idcirco °usque hodie luit °peccatum illud maximum et sunt cruciatus eius inauditi. [...]

6.9
De Corpore Christi I
Distinctio nona
(9)

Monachus: Tempore illo, quando manifestari coeperunt haereses Albienses, quidam maligni, virtute °diabolica suffulti, quaedam signa atque portenta ostenderunt, quibus et easdem haereses roboraverunt, et multos fidelium in fide subverterunt: super aquas ambulaverunt et non
5 sunt submersi.

Cernens hoc sacerdos quidam fide catholicus et vita religiosus, sciens vera signa cum falsa doctrina esse non posse, corpus Domini cum pixide ad flumen, ubi illi populis suas ostensuri erant virtutes, deportavit. Dixitque in audientia omnium: „Adiuro te, °diabole, per eum, quem in mani-
10 bus porto, ne in hoc flumine ad huius populi subversionem per hos homines tantas exerceas fantasias!"

Post haec verba (illis super undas fluminis ambulantibus ut prius) sacerdos turbatus corpus Domini in flumen iactavit. Mira Christi potentia! °Mox enim, ut elementum tetigit sacramentum, fantasia cessit veritati, et
15 (speudo!) illi „sancti" quasi plumbum descendentes in profundum sunt submersi.

6.10
De Corpore Christi II
Distinctio nona
(12)

Pixis vero cum sacramento °statim ab angelis sublata est. Videns sacerdos haec omnia de miraculo quidem exultavit, sed de iactura sacramenti doluit. Totam vero illam noctem in lacrimis et gemitu transiens mane pixidem cum sacramento reperit super altare. Haec nobis eodem tempore relata sunt. 20

6.11
De miraculis
Distinctio decima (41)

Monachus: Hoc anno in Saxonia °nubes integro de caelo cadens inter duo montana multis tam in corporibus quam in rebus fuit damnosa. Tantis enim aquis abundabat, ut °monasterium in °valle proxima situm pervaderet et omnem in eo animam viventem (ab homine °usque ad pecus) exstingueret. Officinas evertit, supellectilem devexit, sepes destruxit. 5 Quinque tamen monachi in turrim fugientes ex omnibus salvati sunt. Vocatur idem °monasterium „Winendenburg" et est de ordine nigrorum.

Deinde idem torrens intolerabili impetu suo civitatem °vicinam °invadens (cuius vocabulum est Isleve) similia ibi operatus est mala. Omnesque °ecclesias nec non et omnia civitatis habitacula violenter intravit, 10 homines atque iumenta submersit. Et quia Deo non est cura de bobus, sed de hominibus, magnum et memoria dignum in suffocatis ostendere dignatus est miraculum: nam omnes illi, qui transacto diluvio in °ecclesiis sive in domibus reperti sunt, niveo candore nitebant. Qui autem in tentoriis sive tabernis extincti erant, carbonibus °nigriores apparebant. 15 Tali enim charactere Deus bonos °distinguebat a malis.

Novicius: Sicut in hac plaga considero, *non casu, sed Dei iudicio iusto* flagellamur!

Monachus: Hoc plenius notare poteris in diluvio Frisiae, in quo amplius quam centum milia hominum simul extincta sunt, ac deinde anno tertio 20 °circa quadraginta milia. Tempus et causam eiusdem plagae °satis expressi in distinctione °septima, capitulo tertio. [...]

6.12
De morientibus
Distinctio undecima (33)

Monachus: Nondum annus elapsus est, quod Lambertus, monachus noster, nocte Dominica in choro obdormiens, Richwinum, cellarium nostrum ante °aliquot annos defunctum chorum intrare conspexit. Et cum annueret ei manu dicens: „Frater Lamberte, veni! Simul ibimus ad Rhenum!", ille, sciens eum mortuum, renuit et ait: „Credite mihi: non ibo 5 vobiscum."

A quo cum repulsam pateretur, ad oppositum chorum se vertens quendam senem monachum, Conradum nomine, qui circa quinquaginta annos militaverat in °ordine, simili signo ac verbo vocavit. Quem ille °mox secutus est, caputio capiti imposito. 10

Eadem die post °cenam, cum °Prior quosdam ex nobis vocasset et idem Conradus praesens esset, ait ei (me audiente) iam dictus Lambertus: „Vere domine Conrade! Vos cito moriemini. In hac enim cuculla vidi vos hac nocte Richwinum sequentem" – referens ei visionem per °ordinem.

15 Cui ille respondit: „Non curo. Modo vellem esse mortuus."

Sequenti die, si bene memini, infirmari coepit, et post breve tempus defunctus in eadem cuculla °sepultus est.

Monachus: Civis quidam Andirnacensis, Eckinbertus nomine (pater Ioannis, monachi nostri), cum die quadam iret ad quoddam placitum, quidam ei occurrit in dextrario nigerrimo, de cuius naribus fumus et flamma procedebat. Nunc viam tritam tenebat, nunc exorbitans in cam-
5 pum discurrebat.

Haec videns Eckinbertus primum valde territus est, et quia declinare non poterat, se ipsum confortans °cruce se signavit contra °diabolum, dextram gladio armans contra hominem: ignorabat enim, quid esset.

Cui cum °appropinquasset, cognovit eum quendam fuisse militem nomi-
10 natum, °nuper defunctum, Fredericum nomine, de villa Kelle oriundum. Videbatur enim circumamictus pellibus ovinis, molem terrae gestans in umeris. Ad quem Eckinbertus: „Estis vos dominus Fredericus?" Respondente illo: „Ego sum", subiecit: „Unde venitis, vel quid significant ista, quae video?"

15 „Ego", inquit, „in maximis poenis sum. Pelles istas cuidam viduae tuli, quae nunc °ardentes sentio. Similiter partem agri cuiusdam mihi iniuste vindicavi, cuius pondere modo premor. Si filii mei ista restituerint, multum poenam meam alleviabunt!" – Sicque ab oculis eius evanuit. Qui cum recitasset die altera verba patris filiis, maluerunt illum aeternaliter
20 in poenis manere quam dimissa restituere.

Novicius: Similia te recordor dixisse in distinctione secunda capitulo septimo [...].

6.13
De praemio mortuorum I
Distinctio duodecima (14)

Novicius: Quid sentiendum est de his, qui in bellis sive tornamentis moriuntur?

Monachus: Si iusta sunt bella, ut est defensio patriae, nihil eis oberit, qui defendendo se moriuntur. Quantum autem delectentur °daemones in
5 mortibus illorum, qui innocentes impetunt, subsequens declarat exemplum:

6.14
De praemio mortuorum II
Distinctio duodecima (15, 16)

6 · Caesarius von Heisterbach

Sequenti nocte, quando exercitus Ducis Lovaniae e Leodensibus occisus est, servus quidam Comitis Losensis [...] locum scilicet occisionis transiens circa noctis principium, maximum ibi vidit tornamentum °daemoniorum. Neque immundis °spiritibus aestimo tantam fuisse exultationem, si non magnam illic cepissent praedam. – De his vero, qui in tornamentis cadunt, nulla quaestio est, quin vadant ad inferos, si non fuerint adiuti beneficio contritionis.

Zur Texterschließung

① Vergleiche die Ergänzungstexte zum Thema „Ketzerbewegung" (S. 56) untereinander. Prüfe, welche Einzelheiten Caesarius wichtig waren. Daraus kannst Du deutlich seine Redeabsicht (Intention) ablesen.
② Vergleiche die Struktur der Texte; sie zeigt deutlich eine Absicht des Autors.
③ Caesarius nennt, wenn er sie weiß, Namen der handelnden Personen.
3.1 Was bezweckt er damit?
3.2 Warum fürchtete er nicht, Ärger mit Verwandten oder Freunden negativ beschriebener Personen zu bekommen (vgl. hierzu die Einführung S. 47 f.)?
④ Ordnest Du die Texte Fabeln, Anekdoten, Kurzgeschichten, Legenden oder Bericht-Erzählungen zu? (Du mußt von der **Erzählabsicht** ausgehen!)

Schülerzeichnungen – linkes Bild:
„Quotiens neminem sensit esse in coquina, ipsam latenter intrans scalis suspensorium ascendit, et ex ea parte pernas, quae muro coniungebantur, omnes paene usque ad medietatem incidit." *(Text 6.6, Z. 13)*

Rechtes Bild:
„Quos cum territos aspiceret, iocunditatem simulans intravit ad illos et ait: ‚Eia fratres! Voluistis sine me comedere et bibere?'" *(Text 6.3, Z. 9)*

Unbekannte Himmelserscheinung
Wittius (1520)
Aus: *Historia ... Westphaliae*

Z3

Eodem anno, septima Iulii, hora quasi octava, iam ad occasum sole declinante, signum in coelo Monasterii visum est civitati imminere globumque igneum quasi ex utroque latere ignem emittentem versus occidentem descendere atque per descensionis viam quasi lineam albam et nubem aquosam pro sui vestigio relinquere – quae tamen non multo post a vento superveniente divulsa est ac in nihilum redacta. Sed quid portendebat, Deus novit.

Grünes Ufo über Europa
Hoch, langsam, tief und schnell

HAMBURG, 23. September (dpa/AP). Ein grünschimmerndes unbekanntes Flugobjekt (Ufo) mit Feuerschweif ist am Dienstag im Südwesten der Bundesrepublik, über Frankreich und Belgien und Luxemburg gesichtet worden. Autofahrer und Fußgänger meldeten die Beobachtung aufgeregt den Behörden, die das Phänomen zunächst nicht erklären konnten. In Stuttgart hieß es, es könnte sich um verglühende Satellitenteile oder einen abstürzenden Flugkörper handeln. Eine Sprecherin des Esoc-Organisationszentrums der Europäischen Raumfahrtorganisation Esa in Darmstadt vermutete, es handele sich um einen über der Erde kreisenden Satelliten, der in der aufgehenden Sonne geblinkt habe. Bei der Sternwarte Bochum hieß es am Nachmittag, es habe sich um Teile eines in der Erdhülle verglühten Meteoriten gehandelt. Ein Beamter der luxemburgischen Flugsicherung vermutete, das Flugobjekt sei eine verirrte Rakete gewesen.

Über Paris beobachteten Passanten „merkwürdige Lichtpunkte". In Belgien wurde das Objekt gegen 7.30 Uhr gesichtet. Nach Angaben eines Sprechers des Innenministeriums in Stuttgart – dort hatten Augenzeugen zwei „längliche Feuerschweife" gemeldet – bewegte sich das Flugobjekt auf der Linie Frankfurt–Heidelberg und soll Richtung Schwarzwald geflogen sein.

Eine Frau in Darmstadt berichtete der Polizei, während sie mit ihrem Wagen gegen 7.30 Uhr an einer Ampel in der Innenstadt gehalten habe, sei ein undefinierbares Objekt von Ost nach West vorbeigeflogen. Nach Darstellung der Augenzeugin hatte das Objekt etwa die Höhe eines Flugzeugs und bewegte sich ziemlich langsam. Auch die Form konnte die Frau beschreiben: Das „Ding" sei vorne rund und hinten kantig gewesen und habe Funken gesprüht.

In Paris entdeckte ein mit Himmelsphänomenen vertrauter Privatflieger nach eigenen Angaben gegen 7.30 Uhr von einer Seine-Brücke im Zentrum der französischen Hauptstadt aus zehn bis fünfzehn Lichtpunkte in etwa tausend Metern Höhe. Sie hätten „grün bis türkis" geschimmert. Drei von ihnen seien größer als die anderen gewesen und hätten einen grünen Flammenschweif gehabt.

Ein Sprecher des Meteorologischen Institutes in Brüssel berichtete, „pausenlos" hätten Bewohner aus allen Teilen des Landes telefonisch ihre Beobachtungen gemeldet. Die meisten Anrufer hätten berichtet, das eigentliche Flugobjekt sei „von mehreren Kugeln" gefolgt gewesen. Die Zahlenangaben über diese „Kugeln" schwankten „zwischen drei und dreizehn". Aus dem Verteidigungsministerium hieß es, die Luftüberwachung habe ein unbekanntes Flugobjekt nicht geortet. „Es war nichts Derartiges auf irgendeinem unserer Radarschirme", sagte der Sprecher.

Nach den Schilderungen sei das Objekt zunächst östlich von Brüssel gesehen worden, habe sich dann nach Norden bewegt, sei wieder zurückgekehrt und habe „Brüssel umrundet". Vom westlichen Stadtrand sei es in Richtung Charleroi und dann in Richtung Südosten über Namur nach Luxemburg geflogen. Die Berichte über Höhe und Geschwindigkeit seien unterschiedlich. Während manche Belgier das Objekt „tief und langsam fliegend" gesehen haben wollten, hätten andere von einem „schnellen Objekt in großer Höhe" gesprochen.

Frankfurter Allgemeine Zeitung 24. 9. 1986

7

Antike und mittelalterliche Fabeln
Kritik und Belehrung

Fabeln gehören zu den literarischen Kurzformen; in ihnen wird also ein Thema möglichst straff behandelt.

Ein Merkmal vieler Fabeln ist der Wechsel der Perspektive. Erst wird ein Vorfall aus der Perspektive der handelnden Personen erzählt, dann tritt der Erzähler selbst mit einer Wertung der Handlung hervor.

Die Straffung der Erzählung wird dadurch erreicht, daß die Handlung meist von typisierten Personen – oft sind es Tiere – getragen wird; so erspart sich der Dichter eine Charakterisierung.

Die Fabel ist eine sehr alte literarische Gattung, die kontinuierlich durch die Jahrhunderte gepflegt worden ist. Dabei haben sich manche Veränderungen auch der äußeren Form ergeben. Vor allem aber weisen die Fabeln verschiedener Dichter und verschiedener Zeiten andere Aussageabsichten auf.

Der bekannteste griechische Fabeldichter war **Aísopos** (lat. Aesōpus), der im 6. Jahrhundert v. Chr. gelebt hat. Unter seinem Namen liefen eine Menge Fabeln um, die schließlich gesammelt worden sind. Uns liegen viele seiner Fabeln in der Bearbeitung des lateinischen Dichters **Phaedrus** vor.

Phaedrus stammte ebenfalls aus Griechenland; er kam als Sklave nach Rom und wurde von dem Kaiser Augustus freigelassen. Damit ist auch seine Lebenszeit ungefähr bestimmt; genaue Nachrichten über Geburts- und Sterbejahr gibt es nicht. Mit seinen Fabeln hat Phaedrus bis zum heutigen Tag Weltruhm errungen.

Das liegt an seiner einfachen, klaren Darstellungsart, an den aus den Fabeln ablesbaren Lehren, die meist unmittelbar einleuchten. Er hat narrative und appellative Redeteile in ein Metrum eingebunden, den „jambischen Senar". Jede Zeile enthält *sechs* Jamben *(„sen*arius"*)*, betonte und unbetonte Silben lösen einander ab. Trotz dieser scheinbar einfachen Rhythmik sind die Fabeln nicht leicht in ihrem Metrum zu lesen; Verschleifungen und einige metrische Freiheiten erschweren uns den Zugang zum metrischen Lesen. Dafür entschädigt uns die anschauliche Art der narratio, der versteckte Humor auch bei der Darstellung bitterer Wahrheit. Diese Wahrheit bezieht sich auch auf soziale Fragen; die vorliegende Auswahl geht gerade auf diese Thematik ein.

7.1 Phaedrus: Macht Macht Recht?

7.1.1 Die Mächtigen und das Recht
fabula I 1

Ad rivum eundem °lupus et agnus venerant
°siti compulsi. °Superior stabat °lupus
longeque °inferior agnus. Tunc fauce improba
latro incitatus iurgii causam intulit:
„Cur", inquit, „turbulentam fecisti mihi 5
aquam °bibenti?" – Laniger contra timens:
„Qui possum, quaeso, facere, quod quereris, °lupe?
A te decurrit ad meos haustus liquor!"
°Repulsus ille °veritatis viribus:

◄ *Äsop und der Fuchs. Griechisches Vasenbild, um 450 v. Chr. Der Fabeldichter Äsop hört dem Fuchs zu. Der Krückstock in seiner Hand symbolisiert das dürftige Leben der einfachen Leute, der große Kopf versinnbildlicht seine Weisheit.*

10 „Ante hos sex menses ˙male", ait, „dixisti mihi!"
Respondit agnus: „Equidem natus non eram!"
„Pater – hercle! – tuus ibi", inquit, „maledixit mihi!"
Atque ita correptum lacerat ˙iniusta ˙nece.

Haec propter illos scripta est homines fabula,
15 qui fictis causis ˙innocentes opprimunt.

In principatu commutando saepius
nil praeter domini nomen mutant pauperes.
Id esse verum parva haec fabella indicat.

Asellum in prato timidus pascebat senex.
5 Is, hostium clamore subito territus,
suadebat asino fugere, ne possent capi.
At ille lentus: „Quaeso – num binas mihi
clitellas impositurum victorem putas?"
Senex negavit. „Ergo – quid refert mea
10 cui serviam, clitellas dum portem meas?"

**7.1.2
Die Armen und die Mächtigen**
fabula I 15

7 · Kritik und Belehrung: Fabeln

7.1.3
Die Mächtigen und ihre Freunde
fabula I 5

°Numquam est fidelis cum potente societas:
testatur haec fabella propositum meum.

Vacca et capella et patiens ovis iniuriae
socii fuere cum °leone in saltibus.
Hi cum cepissent cervum °vasti corporis, 5
sic est locutus – partibus factis – leo:
„Ego primam tollo, nominor quoniam leo;
secundam, quia sum fortis, tribuetis mihi.
Tum, quia plus valeo, me sequetur tertia. –
Malo adficietur, si quis quartam tetigerit!" 10
Sic totam praedam sola improbitas abstulit.

7.1.4
Das Bündnis von Macht und Wissen
fabula II 6

Contra potentes nemo est munitus °satis;
si vero accessit consiliator maleficus,
vis et nequitia quidquid oppugnant, °ruit.

Aquila in sublime sustulit testudinem:
quae, cum abdidisset cornea corpus domo, 5
nec ullo pacto laedi posset condita.
Venit per °auras cornix – et propter volans:
„Opimam °sane praedam rapuisti unguibus!
Sed nisi monstraro, quid sit faciendum tibi,
gravi nequiquam te lassabit pondere." 10
Promissa parte suadet, ut scopulum super
altis ab astris duram illidat corticem;
qua comminuta facile vescatur cibo.
Inducta verbis aquila monitis paruit,
simul et magistrae °large divisit dapem. 15

Sic tuta quae naturae fuerat munere,
impar duabus occidit tristi °nece.

7.1.5
Im Schutz der Mächtigen
fabula III 7

Quam dulcis sit libertas, breviter proloquar:

°Cani perpasto macie confectus °lupus
forte occurrit. Dein salutatum invicem
ut restiterunt: „Unde sic, quaeso, nites?
Aut – quo cibo fecisti tantum corporis? 5
Ego, qui sum fortior, pereo °fame."
°Canis simpliciter: „Eadem est condicio tibi,
praestare domino si par officium potes."
„Quod?" inquit ille. „Custos ut sis liminis,
a furibus tuearis et noctu domum." 10

◀ „Kuh, Ziege Schaf und Löwe" (zu Text 7.1.3). Zeichnung in einer Handschrift des 11. Jh.s mit dem Text der Fabel, vermutlich nach einer westgallischen Handschrift um 500 n. Chr. Universitätsbibliothek Leiden

„Ego vero sum paratus. Nunc patior °nives
°imbresque, in silvis asperam vitam trahens.
°Quanto est facilius mihi sub tecto vivere
et otiosum °largo satiari cibo!"
15 „Veni ergo mecum." Dum procedunt, adspicit
lupus a catena collum detritum canis.
„Unde hoc, amice?" – „Nihil est." – „Dic, quaeso, tamen!"
„Quia videor acer, alligant me interdiu,
luce ut quiescam et vigilem, nox cum venerit.
20 Crepusculo solutus, qua visum est, vagor.
Affertur °ultro °panis! De °mensa sua
dat ossa dominus! Frusta iactat familia,
et, quod fastidit quisque, pulmentarium!
Sic sine labore venter impletur meus."
25 „Age: abire si quo est animus, est °licentia?"
„Non plane est", inquit. „Fruere, quae laudas, canis!
°Regnare nolo, liber ut non sim mihi."

Qui pretium meriti ab improbis desiderat,
°bis °peccat; primum, quoniam °indignos adiuvat,
impune abire deinde °quia iam non potest.

Os devoratum fauce cum °haereret °lupi,
5 magno dolore victus coepit singulos
illicere pretio, ut illud extraheret malum.
°Tandem persuasa est iure iurando gruis,
gulaeque credens colli longitudinem
periculosam fecit medicinam lupo.
10 Pro quo cum pactum flagitaret pretium
„ingrata es", inquit, „ore quae nostro caput
incolume abstuleris, et °mercedem postules."

**7.1.6
Der Wolf und
der Kranich**
fabula 18

7 · Kritik und Belehrung: Fabeln

Z 1
Der goldene Käfig
(Aus: Phaedri fabulae, ed. C. H. Weise, 1843; Appendix I 9)

Hospitio °quondam mus urbanus °rustici
exceptus, vili glande cenat in cavo.
°Induxit precibus post, ut urbem rusticus
cellamque °intraret plenam rebus optimis.
In qua dum variis perfruuntur reliquiis   5
impulso venit °ostio cellarius.
Quo mures strepitu diffugiunt perterriti,
et notis facile urbanus se condit cavis –
at miser °ignota trepidans rusticus domo
timensque mortem per parietes cursitat.   10
Ut, quae volebat, sustulit cellarius
clausitque limen, °iterum urbanus rusticum
hortatur. Ille perturbatis sensibus:
„Vix", inquit, „possum capere prae metu cibum!
Putasne – – veniet ille?" „Quid tantum times!"   15
urbanus inquit. „Age! Fruamur ferculis,
quae rure °frustra quaeras!" Contra rusticus:
„Tu, qui timere nescis, fruere his omnibus:
At me °securum pascat glans et liberum!"

In paupertate tutum praestat vivere   20
quam divitiarum °carpi sollicitudine.

Die Fabel stammt nicht von Phaedrus, sondern ist nach seiner Art zu dichten aus einer antiken Erzählung zusammengestellt worden. Es gibt mehr als einen Versuch, diese Fabel nachzudichten; der hier vorliegende stammt von einem Philologen namens Burmann.

Z 2.1
Der Fuchs und die Theatermaske (I 7)

Personam tragicam forte vulpes viderat.
„Oh quanta species", inquit, „cerebrum non habet!"

Hoc illis dictum est, quibus honorem et gloriam
fortuna tribuit, sensum communem abstulit.

Z 2.2
G. E. Lessing: Der Fuchs und die Larve

Vor alten Zeiten fand ein Fuchs die hohle, einen weiten Mund aufreißende Larve eines Schauspielers. „Welch ein Kopf!" sagte der betrachtende Fuchs. „Ohne Gehirn, und mit einem offenen Munde! Sollte das nicht der Kopf eines Schwätzers gewesen sein?"
Dieser Fuchs kannte euch, ihr ewigen Redner, ihr Strafgerichte des unschuldigsten unserer Sinne!

Phaedrus · 7

◀ Illustration aus dem lat.-dt. „Ulmer Äsop" (Aesopus, Vita et fabulae), um 1476/77

Z 3.1
Der Fuchs und die Trauben
(IV 3)

°Fame coacta vulpes alta in vinea
uvam appetebat summis saliens viribus.
Quam tangere ut non potuit, discedens ait:
„Nondum matura est. Nolo acerbam sumere."
5 Qui facere quae non possunt, verbis elevant,
adscribere hoc debebunt exemplum sibi.

Z 3.2
G. E. Lessing: Die Traube

Ich kenne einen Dichter, dem die schreiende Bewunderung seiner kleinen Nachahmer mehr geschadet hat als die neidische Verachtung seiner Kunstrichter.
„Sie ist ja doch sauer!" sagte der Fuchs von der Traube, nach der er lange vergebens gesprungen war. Das hörte ein Sperling und sprach: „Sauer sollte die Traube sein? Danach sieht sie mir doch nicht aus!" Er flog hin und kostete und fand sie ungemein süß und rief hundert näschige Brüder herbei. „Kostet doch!" schrie er; „kostet doch! Diese treffliche Traube schalt der Fuchs sauer." – Sie kosteten alle, und in wenig Augenblicken ward die Traube so zugerichtet, daß nie ein Fuchs wieder danach sprang.

7 · Kritik und Belehrung: Fabeln

7.2 Odo von Cherington

Im Mittelalter kannte und benutzte man die antiken Fabelsammlungen. Doch sind mittelalterliche Fabeln nicht einfache Nachdichtung. Das ganz andere Weltverständnis der Antike konnte man nicht ohne Prüfung übernehmen – andererseits war man fasziniert von der antiken Kunst der Dichtung. So zeigen sich durchaus erzählende Elemente der antiken Dichtung auch in mittelalterlichen Fabeln – doch sie werden neu komponiert oder – wie bei der Fabel „de mure, qui…" von Odo (7.2.2) – ganz anders gedeutet. Vor allem wird ein für unsere und für antike Vorstellungen ermüdend langer Erklärtext an die Fabeln gehängt (das „Mystice"); es kann länger sein als die Fabel selbst.
Der Verfasser der drei hier vorgelegten Fabeln ist *Odo von Cherington*; er soll Zisterzienser-Abt im 13. Jahrhundert gewesen sein. Sein Herkunftsland ist England – doch läßt sich der Beiname Cherington nicht zur genauen Lokalisierung benutzen.

7.2.1 De tortuca et aquila
(Odo 5)

Tortuca, manens in locis humidis et profundis, rogavit aquilam, quod portaret eam in altum. Desideravit enim videre campos, colles et nemora. Aquila adquievit, tortucam in altum portavit et dixit tortucae: „Vides iam, quae °numquam vidisti: montes, °valles et nemora." Dixit tortuca: „Bene video; mallem tamen esse in foramine meo!" Et ait aquila: „Sufficit haec omnia tibi vidisse!" Dimisit eam cadere; et tota confracta est. 5

Mystice: Aliquis vivit in paupere tecto, desiderat ascendere et super pennas ventorum volare; rogat aquilam (id est diabolum), quod aliquo modo ipsum exaltet. Quandoque per fas et nefas, per falsitates ascendit, et sic 10 diabolus ipsum portat. Quandocumque intelligit statum suum periculosum et mallet esse in paupere tecto. Tum diabolus in mortem facit eum cadere, in puteum gehennae, ubi totus confringitur.

Sic est, qui stultus scandit pernicibus alis;
   °incidit a scalis in loca plena malis. 15

7.2.2 De mure qui voluit matrimonium contrahere
(Odo 63)

Mus semel voluit matrimonium contrahere et cogitavit, quod °maritum acciperet fortissimum, et cogitavit penes se, quid esset strenuissimum. Tandem videbatur sibi, quod ventus, quia prosternit cedros, turres, domos. Misit nuntios vento, quod esset maritus eius. Dixit ventus: „Quare vult mecum contrahere?" Dixerunt nuntii: „Quia inter omnes 5 creaturas es fortissima." Respondit ventus: „Iam castrum Narbonense fortius est me, quia iam plus quam mille annos stetit adversum me et confringit vires meas, et °numquam potui prosternere."

Reversi sunt nuntii et retulerunt responsum, et dixit mus: „Ex quo fortior est turris, volo, quod sit maritus meus." Significabat hoc turri, et ait turris: 10

„Quare vult mecum contrahere?" Et responsum: „Quia res es fortissima et fortior vento." Et ait turris: „Certe mures sunt fortiores me, quia tota die me perforant et frangunt, et faciunt viam per me."

Et ita – habito consilio – oportebat, quod mus murem sibi associaret.

15 Sic plerique excogitant et mirabilia facere proponunt, et parturiunt montes, et exit ridiculus mus.

Z1 *Das Schlußzitat dieser Fabel ist entlehnt aus der „Ars poetica" des römischen Dichters* **Horatius** *(65 bis 11 v. Chr.); richtig zitiert lautet es jedoch:*
Parturiunt montes, nascetur ridiculus mus.
Horaz hat damit Zeitgenossen verspottet, die gewaltige Dichtungen aus ihrer Feder anpriesen, ohne tatsächlich den Erwartungen gerecht zu werden. Bei **Phaedrus** *(fabula IV 23) wird das Motiv so verwendet:*

Mons parturibat, gemitus °immanes ciens;
eratque in terris maxima exspectatio.
At ille murem peperit!
      Hoc scriptum est tibi,
qui, magna cum °minaris, extricas nihil.

Semel °lupus fere ex uno osse strangulabatur. Quaesitus fuit medicus. Dixerunt servientes: „Ciconia habet longum rostrum et poterit os a gutture extrahere." Quaesita est ciconia; °merces magna est promissa. Venit et os a gutture extraxit. Mercedem quaesivit. Lupus nihil dare voluit
5 dicens: „Nonne, quando caput tuum fuit in ore meo, potui te interficere? Nonne sufficit tibi, quod permisi te vivere?"

Sic °rustici et pauperes, quando serviunt, nullam mercedem habere possunt. Dicit enim dominus: „Homo meus es; nonne magnum est, si te non excorio, si te vivere permitto?"

7.2.3
De Ciconia et lupo
(Odo 6)

Quomodo Iudaeus occidebatur ab exsistente pincerna, quod perdices prodiderunt

Iudaeus, ferens aurum, per campum timuit ire; dedit ergo pecuniam Regi illius terrae, ut daret ei secum per terram suam unum de sua familia,
5 sub cuius tuitione secure posset ambulare. Dedit ergo Rex Iudaeo Pincernam suum, ut ductor esset eius Iudaei prae omnibus transeuntibus. Cum autem simul venirent ad silvam, Pincerna, cupiditate ductus auri, Iudaeum disposuit gladio interficere. Qui Iudaeus, videns perdices volitantes, dixit ad Pincernam: „Si me occideris, credas firmiter, quod non
10 °remanebit inultum, sicut putas." Qui non curavit haec verba – occidens

Z2
Gualterus Anglicus
(um 1170)

Gualterus Anglicus war Kaplan des englischen Königs Heinrich II. (1133–1189).

7 · Kritik und Belehrung: Fabeln

Iudaeum, rapiens gazam – [et] substantiam eius et corpus eius occultavit in nemore. Domum rediens dixit se implesse voluntatem Regis.

Post aliquod tempus casu contingit, quod idem Pincerna in vase °portavit perdices captas in silva ante Regem super mensam, et maxime risit, quia illa verba, quae Iudaeus ei dixit, venerunt ad memoriam et omnia, quae ei acciderunt cum Iudaeo. Tunc Rex quaesivit causam talis risus a Pincerna, qui – nimis rogatus – tandem dixit: „Ego cogito super hoc factum, quod mihi accidit cum Iudaeo, quem debui conducere – quem interfeci et omnia sua abstuli. Qui dixit mihi, quod perdices volantes in aëre adhuc deberent hoc prodere. Hoc venit mihi ad memoriam per praesentes perdices." Tunc Rex °statim dolens (simulans se laeto vultu) tractavit consilium de hoc cum sapientibus, qui pari consilio adiudicabant eum morti subiciendum. Unde:

Non perdimus quemquam, quamvis tibi sudeat aurum;
   nam °decus et vitam °maesta rapina rapit.

Zur Text-erschließung

① Fabeln enthalten neben Grundwahrheiten zeitbedingte Aussagen. Das ist am besten durch Vergleiche zu erschließen. Deshalb ist ein Vergleich der Fabel 7.1.4 von Phaedrus mit der Odo-Fabel „De tortuca et aquila" interessant. Die Interpretationsfrage ist: Wie steht Odo im Unterschied zu Phaedrus zur sozial schwachen Schicht, die in beiden Fabeln von der Schildkröte verkörpert wird?
② Vergleiche die Texte Z 2.2–Z 3.2 von Lessing sowie 7.1.6 (Phaedrus) und 7.2.3 (Odo).
2.1 Prüfe zunächst, ob die Textnachricht in den beiden vergleichbaren Texten gleich oder nur ähnlich ist.
2.2 In einem zweiten Schritt stelle fest, welche Intention der Verfasser jeweils mit dieser Nachricht verfolgt. Man kann die Intention daran erkennen, wo der Dichter ausführlicher oder besonders kunstvoll erzählt.
2.3 In einem dritten Schritt kann man vergleichen, wie die Autoren erzählen; in diesem Fall könnte man z. B. überlegen, ob die von Phaedrus stets angestrebte Kürze und Verständlichkeit dem Charakter einer Fabel eher entspricht oder die breitere, ausschmückende Darstellung bei Odo und Lessing.
③ Fabeln verdeutlichen eine allgemeingültige Norm; sie sind daher in einer sprichwortähnlichen Lehre zusammenzufassen. Ist der Text Z2 eine Fabel?

Antike und mittelalterliche Lyrik
„...der Vogelflug der Worte..."

Fabeldichter benutzen ihre Texte, um Normen weiterzugeben, Gesellschaftskritik zu üben oder in einer anderen Weise belehrend auf den Leser einzuwirken. Die Erwartung eines Fabellesers ist dementsprechend auf belehrende Unterhaltung eingestellt.

Von Lyrik erwartet ein Leser eher eine Begegnung mit einer Dichterpersönlichkeit: individuelle Gedanken und Gefühle finden ihren Ausdruck sehr oft in Gedichten.

Dem Ausdruck einer individuellen Aussage entspricht die literarische Form des Gedichts mit ihren vielen sprachlichen Möglichkeiten. Die erste und wohl älteste dieser Möglichkeiten sind Metrum und Rhythmus. Dazu kommen kunstvolle Sprachbilder, ungewöhnliche Wortzusammenstellungen, Klangbilder durch Verwendung bestimmter Sprachlaute, schließlich auch (im Mittelalter) der Reim.

Weil Lyrik individuelle Gedanken und Stimmungen bewahrt und weitergibt, ist sie mehr als andere Dichtung von der Bereitschaft des Lesers abhängig, sich mit den fremden Gedanken und Gefühlen bekanntmachen zu wollen. Fehlt diese Bereitschaft, bleibt von der literarischen Absicht des Dichters nichts erhalten. Andererseits kann man recht häufig beobachten, daß Lyriker sich über große Zeiträume hinweg gewissermaßen „unterhalten", also eingehen auf die Gedankenwelt eines berühmten Vorgängers. Ein Beispiel dafür ist in diesem

◀ *Poet mit Kithara. Wandgemälde in der römischen Villa von Oplontis bei Torre Annunziata (nicht weit von Pompeji). Vor 79 n. Chr.*

8 · „...Der Vogelflug der Worte...": Lyrik

Kapitel das Gedicht von *Karl Krolow* (geb. 1915), das einem Catullgedicht gewidmet ist; auch Eichendorffs Gedicht (S. 83) ist eine „Antwort" auf lyrische Vorbilder.

8.1 Catull

C. Valerius Catullus (etwa 84 oder 87 bis 54 v. Chr) lebte in Rom in einem extravaganten Dichterkreis. In zahlreichen Gedichten beschäftigt er sich mit seiner Freundin Lesbia, einer Schwester des im Cicerokapitel (Kap. 3) erwähnten Volkstribunen Clodius (sie hieß Clodia, Lesbia nannte sie Catull in seinen Gedichten).

8.1.1 Die Einladung
carmen 13

Das Gedicht spielt mit Vorstellungen oder Assoziationen, die reiche, verwöhnte Römer mit einer Einladung zu einem Essen, einer Party, verbinden. Catull und sein Freund Fabull aber wollen nicht zu dieser – langweiligen? – Gesellschaft gehören: So wird die Einladung ganz anders als üblich, unkonventionell.

Versmaß:
Hendekasyllabus

Cenabis bene, mi Fabulle, apud me
paucis – si tibi di °favent – diebus,
si tecum attuleris bonam atque magnam
°cenam – non sine °candida puella
et °vino et sale et omnibus cachinnis.   5
Haec si – inquam – attuleris, venuste noster,
cenabis bene. Nam tui Catulli
plenus sacculus est aranearum.
Sed contra accipies meros Amores,
seu, quid suavius elegantiusve est: 10
nam unguentum dabo, quod meae puellae
donarunt Veneres Cupidinesque;
quod tu cum olfacies, deos rogabis,
totum ut te faciant, Fabulle, nasum.

▶ Venus in der Muschel, links und rechts Eroten. Wandgemälde aus dem „Haus der Venus", Pompeji. Um 60 n. Chr.

Reisen war wie heute in der Antike eine beliebte Abwechslung: Die großen Städte Asiens waren auch damals beliebtes Reiseziel.

8.1.2
Reisefieber
carmen 46
Versmaß:
Hendeka-
syllabus

Iam °ver egelidos refert tepores,
iam caeli furor aequinoctialis
iocundis zephyri silescit auris.
Linquantur Phrygii, Catulle, campi
5 Nicaeaeque ager uber aestuosae:
ad claras Asiae volemus urbes!
Iam mens praetrepidans avet vagari,
iam laeti studio pedes vigescunt.
O dulces comitum valete coetus,
10 longe quos simul a domo profectos
diversae variae viae reportant!

Das Gedicht beginnt mit einem Gegensatz, einem Widerspruch: Durch viele Länder, über viele Meere ist Catull gefahren – und nun ist sein Ziel nicht die weite Ferne, sondern das enge Grab seines Bruders. Hier kann er nur mit stummer Asche sprechen; er kann ihm nur die Totenehren erweisen.

8.1.3
Am Grab des Bruders
carmen 101

Multas per gentes et multa per aequora vectus
    advenio has miseras, frater, ad inferias,
ut te °postremo donarem munere mortis
    et °mutam nequiquam adloquerer cinerem,
5 quandoquidem fortuna mihi tete abstulit ipsum,
    heu miser indigne frater adempte mihi.
Nunc tamen °interea haec, prisco quae more parentum
    tradita sunt tristes munere ad inferias,
accipe fraterno multum manantia fletu
10 atque in perpetuum, frater, ave atque vale.

Versmaß:
Distichon

Das Gedicht spielt wieder in Rom; es zeigt die unkomplizierte, leichte Art Lesbias: Der Tod eines Haussperlings, den sie um sich hatte, erschüttert sie so, als sei ein ihr lieber Mensch gestorben. Entsprechend malt Catull Leben und Tod des Sperlings aus: die affektierte Art, mit der Lesbia den Vogel umhegte, den Weg in die Unterwelt. Zu Krolows Gedicht (s. S. 77) eine Bemerkung dieses Dichters: ein Gedicht soll „die Möglichkeit haben, seinen Stoff an ein nächstes weiterzugeben. Es müßte möglich sein, daß die letzte Metapher des einen Gedichts zur ersten Metapher eines anderen würde."

8.1.4
Lesbias Kummer
carmen 3

Lugete, o Veneres Cupidinesque
et quantum est hominum venustiorum!
Passer mortuus est meae puellae,
passer, deliciae meae puellae,
5 quem plus illa oculis suis amabat.

Versmaß:
Hendeka-
syllabus

8 · „...Der Vogelflug der Worte...": Lyrik

▶ *Vogel auf einem Wandbild in der römischen Villa von Oplontis bei Torre Annunziata. Vor 79 n. Chr.*

Nam ‚mellitus' erat ‚suamque norat
ipsa tam bene quam puella matrem'.
Nec sese a gremio illius movebat,
sed circumsiliens modo °huc, modo illuc
ad solam dominam usque pipiabat.   10
Qui nunc it per iter tenebricosum
illuc, unde negant redire quemquam.
At vobis male sit, malae tenebrae
Orci, quae omnia bella devoratis!
Tam bellum mihi passerem abstulistis!   15
O factum male! o miselle passer!
Tua nunc opera meae puellae
°flendo turgiduli rubent ocelli.

8.2   Tibull

Geburtstags- Das Geburtstagsgedicht wird von manchen Tibull zugeschrieben (Albius Tibul-
gedicht   lus, geb. um 50, gest. 17 oder 19 n. Chr). Es findet sich in einem Zyklus von
IV 5   Gedichten, die abwechselnd von einer jungen Frau und einem jungen Mann
                 stammen.

Versmaß:
Distichon

Qui mihi te, Cerinthe, dies dedit, hic mihi sanctus
   ° atque inter °festos semper habendus erit.
Te nascente novum Parcae cecinere puellis
   servitium et dederunt regna superba tibi.
°Uror ego ante alias: iuvat hoc, Cerinthe, quod uror,   5
   si tibi de nobis °mutuus ignis adest.
Mutuus adsit amor, per te dulcissima furta
   perque tuos oculos per Geniumque rogo.

Stele für Catull
Karl Krolow

Tot in toter Sprache
unbeweglich
im schwarzen Zimmer Roms
perdita juventus

Doch der Vogelflug der Worte
fällt immer wieder
aus vollem Himmel

Ihre hellen Körper
bewegen sich in unserer Luft.
Wir legen sie ins Grab dir,
in dem du ganz allein bist
mit dem toten Sperling

Catull, von leichten Buchstaben
der Liebe geschützt,
vom Alter jener Augen,
die sich nicht mehr schließen.

Passer mortuus est
meae puellae.
Ein Flüstern noch
in Pappeln.

Aus: *„Unsichtbare Hände;*
Gedichte 1959–1962",
Frankfurt (Suhrkamp) 1985

Horaz

8.3

Quintus Horatius Flaccus (65 bis 8 v. Chr.) gehört zu den bedeutendsten Dichtern der Antike; seine Sprachkunst ist hoch entwickelt – so kommt es, daß seine Gedichte nur mit sehr geschulten Kenntnissen der Sprache zu lesen sind. Trotzdem ist dieses Gedicht hier aufgenommen worden: Es stellt den Dichter vor und kann zeigen, wie man im Lateinischen dank der nahezu zwanglosen Wortstellung durch Setzen eines Wortes an seine ihm zukommende Tonstelle Texte kunstvoll aufbauen kann.

Zurück-
gezogenes
Leben
carmen I 38

Persicos odi, puer, adparatus:
displicent nexae philyra °coronae;
mitte sectari, rosa quo locorum
   sera moretur.

5 Simplici myrto nihil adlabores
sedulus, curo. Neque te °ministrum
dedecet myrtus neque me sub arta
   vite °bibentem.

Versmaß:
1. Sapphische
Strophe

8.4   Mittelalterliche Lyrik

Im Mittelalter war es für einen Schüler – damit sind auch Studenten gemeint – selbstverständlich, viel unterwegs zu sein. Das war schon erforderlich, um überhaupt zu einer Lateinschule oder zu einer der seltenen Universitäten oder Klosterkollegs zu gelangen. Aber viele blieben ohnehin nur eine gewisse Zeit auf einer Schule, dann wanderten sie weiter. Diese wandernden *„Scholaren"* konnten mit einem gewissen Recht hoffen, von den inzwischen seßhaft gewordenen früheren Wanderern unterstützt zu werden: Pfarrern, Mönchen, Klosterlehrern. In den Klöstern erhielten sie kostenlos Unterkunft und Verpflegung, aber sie erwarteten auch mehr: Bekleidung, Wein, Geld. Solche Gaben konnte man vielleicht von einem wohlhabenden Pfarrherrn erwarten... Das Geld wurde häufig für Glücksspiele (Würfelspiele) verwendet; man hat den Eindruck, daß es im Mittelalter eine richtige Spielsucht gab.

Von diesen wandernden Scholaren stammen viele Lieder – meist in ihrer Umgangssprache, dem Mittellatein, verfaßt. Da ist die Rede von dem Umherziehen, dem Spielen mit Würfeln, von Wein und Liebe – und immer wieder von der Armut, die drastisch geschildert wird, damit man – siehe oben – vom Pfarrer oder Abt etwas bekommt: Bettellieder.

Es gibt auch Melodien zu einigen dieser Gedichte – den sogenannten **Carmina Burana** –; diese Vertonungen hat in unserem Jahrhundert *Carl Orff* benutzt, und man hört die *Carmina Burana* heute fast nur in seiner Tonfassung. (Es ist leicht, von diesem berühmten Werk ein Band oder eine Platte zu erhalten.)

Es folgen einige Gedichte dieser Scholarenlyrik, die meist „Vagantenlieder" genannt werden.

Mittellateinische Lyrik kann man leicht entsprechend den Wortakzenten lesen; fast immer folgt dabei einer betonten Silbe eine unbetonte.

8.4.1
Bettellied
Aus den
Carmina Burana

1   Exul ego clericus   ad laborem natus
    tribulor multotiens   paupertati datus.

2   Litterarum studiis   vellem insudare,
    nisi quod inopia   cogit me cessare.

3   Ille meus tenuis   °nimis est amictus
    saepe frigus patior   calore relictus.

4   Interesse laudibus   non possum divinis
    nec missae nec vesperae   dum °cantetur finis.

5   Decus N.   dum sitis insigne
    postulo suffragia   de vobis iam digne.

6   Ergo mentem capite   similem Martini:
    vestibus induite   corpus peregrini,

7   ut vos Deus transferat   ad regna polorum;
    ibi dona conferat   vobis beatorum.

In einem Schmähgedicht klagt Hugo Primas (Hugo von Orléans) in der Mitte des 12. Jahrhunderts über den Geiz eines Bischofs. Dieser Geiz bestand darin, daß der Bischof keine Neigung hatte, dem Dichter einen kostbaren Mantel zu schenken. Fast wie einklagbares Recht wird hier der Anspruch des bettelnden Dichters erhoben:

**8.4.2
Geistiger
Wohltäter**
Hugo Primas

Pontificum *spuma,* fex cleri, sordida *struma,*
qui dedit in *bruma* michi mantellum sine *pluma!*

Wie schon erwähnt, ging viel von dem erbettelten Geld beim Würfelspielen und Trinken wieder drauf. Natürlich weiß man nicht, ob die Scholaren wirklich so ausgelassen gelebt haben – vielleicht ist manches Trinklied am Schreibtisch erdacht worden: doch das ist bei fiktiver Literatur immer so. Die Grunderfahrungen aber müssen wirklich vorhanden gewesen sein, sonst hätte diese Lieder niemand gesungen und weitergereicht.
Das folgende Lied spielt in einem erdachten Land („Cucania", vergleichbar dem *Schlaraffenland*), in dem ein spielsüchtiger Abt amtiert. Er singt:

**8.4.3
Würfelspieler**
Aus den
Carmina Burana

Ego sum abbas Cucaniensis,
et consilium meum est cum bibulis,
et in secta Decii voluntas mea est,
et qui mane me quaesierit in taberna,
5   post °vesperum nudus egredietur
et sic denudatus veste clamabit:
„wafna wafna!
quid fecisti, sors turpissima!
nostrae vitae °gaudia
10 abstulisti omnia!"

◀ Würfelspieler.
Aus dem
„Sachsenspiegel",
14. Jh. Universitätsbibliothek
Heidelberg

8 · „...Der Vogelflug der Worte...": Lyrik

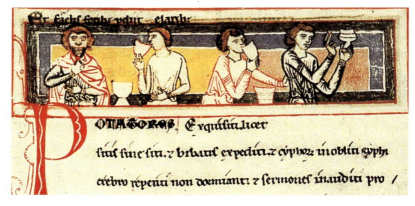

► Zechkumpane. Aus der Liederhandschrift von Benediktbeuren („Carmina Burana"), um 1230. München, Bayerische Staatsbibliothek

**8.4.4
In taberna**
Aus den
Carmina Burana

Auch das folgende Gedicht spielt in der „taberna"; es parodiert sehr dreist die Liturgie des Karfreitags; vielleicht sollte man es sich auch wie eine Liturgie gesungen denken. Unmöglich sind solche für unseren Geschmack pietätlosen Spiele mit Glaubensdingen für das Mittelalter entgegen dem Bild, das viele von dieser Zeit haben, nicht.

In taberna quando sumus,
non curamus, quid sit humus,
sed ad ludum *properamus,
cui semper insudamus.
Quid agatur in taberna,
ubi nummus est pincerna,
hoc est opus, ut quaeratur,
sed quid loquar, audiatur.

Quidam ludunt, quidam *bibunt,
quidam indiscrete vivunt;
sed in ludo qui morantur,
ex his quidam denudantur,
quidam ibi vestiuntur,
quidam saccis induuntur.
Ibi nullus timet mortem,
sed pro Baccho mittunt sortem.

Primo: pro nummata *vini,
ex hac bibunt libertini,
semel bibunt pro captivis,
post haec bibunt ter pro vivis,
quater pro Christianis cunctis,
quinquies pro fidelibus defunctis,
sexies pro sororibus vanis,
septies pro militibus silvanis.

Octies pro fratribus perversis,
novies pro monachis dispersis,
decies pro *navigantibus,
undecies pro discordantibus,
duodecies pro poenitentibus,
tredecies pro iter agentibus.
Tam pro papa quam pro rege
bibunt omnes sine lege.

Bibit hera, bibit herus,
bibit miles, bibit clerus,
bibit ille, bibit illa,
bibit servus cum ancilla,
bibit velox, bibit piger,
bibit albus, bibit *niger,
bibit constans, bibit vagus,
bibit rudis, bibit magus.

Bibit pauper et aegrotus,
bibit exul et °ignotus,
bibit puer, bibit canus,
bibit praesul et decanus,
bibit soror, bibit frater,
bibit anus, bibit mater,
bibit ista, bibit ille,
bibunt centum, bibunt mille.

Parum centum sex nummatae
durant, ubi immoderate
bibunt omnes sine meta,
quamvis bibant mente laeta.
Sic nos rodunt omnes gentes
et sic erimus egentes.
Qui nos rodunt, confundantur
et cum iustis non scribantur!

Zwei weitere Themen werden oft behandelt, die für die Wirklichkeit der Scholaren und ihrer Freundinnen zusammengehörten: Liebe und Fortziehen, Wandern.
Die Scholaren blieben, wie schon erwähnt, meist nur Monate oder allenfalls wenige Jahre an einem Ort; oft zogen sie sogar nach einigen Tagen weiter. Die Klage eines Mädchens darüber enthält folgendes Lied, das dem verlassenen Mädchen in den Mund gelegt wird:

8.4.5
Allein gelassen
Aus den *Carmina Burana*

Floret silva nobilis
°floribus et foliis. –
Ubi est antiquus
meus amicus?
5 Hinc equitavit!
Eia! Quis me amabit?
Refrain:
Floret silva undique
nach mîme gesellen ist mir wê.

Das folgende Liebeslied (8.4.6) ist aus der Perspektive des Mannes gedichtet:

▶ Minnetasche mit Liebespaar, um 1340, vermutlich aus Paris. Museum für Kunst und Gewerbe, Hamburg

8.4.6
Liebeslied
Aus den
Carmina Burana

Veni, veni, venias,
ne me mori facias.
Hyrie, hyrie,
nazaza trillirivos...

Pulchra tibi °facies,
oculorum acies,
capillorum series –
o quam clara species!

Rosa rubicundior,
lilio °candidior,
omnibus formosior,
semper in te °glorior.

8.4.7
Omittamus studia!
Aus den
Carmina Burana

Alles, was an Leichtsinn in den vorhergehenden Gedichten deutlich geworden ist, faßt ein Lied zusammen, das man sich gut als Wanderlied vorstellen kann:

Omittamus studia!
Dulce est desipere,
et carpamus dulcia
iuventutis °tenerae!
Res est apta senectuti   5
seriis intendere
... *(zwei Zeilen fehlen)*

Velox aetas praeterit
studio detenta,
lascivire suggerit
    tenera iuventa!   10

°Ver aetatis labitur,
hiems nostra °properat,
vita °damnum patitur,
cura carnem macerat.
sanguis aret, hebet pectus,   15
    minuuntur °gaudia,
nos deterret iam senectus
    morborum familia.

Velox aetas praeterit
(Refrain)

Imitemur superos!   20
Digna est sententia,
et amores teneros
iam venantur retia.
Voto nostro serviamus!
    Mos est iste numinum;   25
ad plateas descendamus
    et choreas virginum!

Velox aetas praeterit
(Refrain)

Ibi, quae fit facilis,
est videndi copia,   30
ibi fulget °mobilis
membrorum lascivia.
Dum puellae se movendo
gestibus lasciviunt,
asto videns, et videndo   35
me michi subripiunt.

Velox aetas praeterit
(Refrain)

Z
Lied der Prager Studenten

In Studentenliedern des vorigen Jahrhunderts klingen manche dieser Themen wieder an. Sie sind in „Commersbüchern" leicht zu finden.
J. Freiherr von Eichendorff hat in seinem Roman „*Aus dem Leben eines Taugenichts*" Studenten auftreten lassen, die ähnlich unbeschwert wie die mittel-

alterlichen Scholaren durch die Welt zogen. Zum Schluß des Kapitels steht deshalb sein Studentenlied.

Und als dann der Geistliche von der Musik immer vergnügter wurde und lustige Geschichten aus seiner Jugend erzählte: wie auch er zur Vakanz über Berge und Täler gezogen, und oft hungrig und durstig, aber immer fröhlich gewesen, und wie eigentlich das ganze Studentenleben eine große Vakanz sei zwischen der engen, düstern Schule und der ernsten Amtsarbeit – da tranken die Studenten noch einmal herum und stimmten dann frisch ein Lied an, daß es weit in die Berge hineinschallte.

J. Freiherr von Eichendorff

„Nach Süden sich nun lenken
Die Vöglein allzumal,
Viel Wandrer lustig schwenken
Die Hüt' im Morgenstrahl.
Das sind die Herrn Studenten,
Zum Tor hinaus es geht,
Auf ihren Instrumenten
Sie blasen zum Valet:
Ade in die Läng' und Breite,
O Prag, wir ziehn in die Weite:
Et habeat bonam pacem,
Qui sedet post fornacem!

Nachts wir durchs Städtlein schweifen,
Die Fenster schimmern weit,
Am Fenster drehn und schleifen
Viel schön geputzte Leut'.
Wir blasen vor den Türen
Und haben Durst genung,
Das kommt vom Musizieren,
Herr Wirt, ein'n frischen Trunk!
Und siehe, über ein kleines
Mit einer Kanne Weines
Venit ex sua domo –
Beatus ille homo!

Nun weht schon durch die Wälder
Der kalte Boreas,
Wir streichen durch die Felder,
Von Schnee und Regen naß,
Der Mantel fliegt im Winde,
Zerrissen sind die Schuh,
Da blasen wir geschwinde
Und singen noch dazu:
Beatus ille homo,
Qui sedet in sua domo
Et sedet post fornacem
Et habet bonam pacem!"

Ich, die Schiffer und das Mädchen, obgleich wir alle kein Latein verstanden, stimmten jedesmal jauchzend in den letzten Vers mit ein, ich aber jauchzte am allervergnügtesten, denn ich sah soeben von fern mein Zollhäuschen und bald darauf auch das Schloß in der Abendsonne über die Bäume hervorkommen.

9 · Festlegen und Festhalten, Argumentieren und Bewahren

Lateinische Sachtexte von der Antike bis zur Neuzeit
Festlegen und Festhalten, Argumentieren und Bewahren

Die Verfasser sog. Sachtexte gehen davon aus, daß der Leser ein *Vorwissen* besitzt, mit dem sie fest rechnen dürfen. Das ist besonders auffällig bei den beiden *juristischen Texten* dieses Kapitels, die man ohne Kommentierung nicht verstehen kann. Diese Kommentierung ersetzt, soweit möglich, das fehlende Vorwissen.

In dieser Schwierigkeit liegt aber auch eine wichtige Spracherfahrung begründet: Man erfährt, wie abhängig Textverständnis von einer gemeinsamen „Konvention" ist, also von einem Erfahrungs- und Wissensvorrat, den Leser und Autor gleichermaßen haben müssen, wenn sie sich unmittelbar verstehen wollen oder sollen. Um zu zeigen, daß diese Konvention auch über die Distanz längerer Zeiträume herstellbar ist, folgt ein *Kochrezept;* ein Sachtext also, der die Möglichkeit seiner Umsetzung in „Realität" in sich trägt.

Die *naturwissenschaftlichen Texte* spiegeln die zunächst sehr träge Entwicklung naturwissenschaftlichen Denkens wider. Das langsame Fortschreiten dieses Denkens hängt mit dem mittelalterlichen Begriff des „Autoritätsbeweises" zusammen: Autoritäten wie die Bibel, wie der griechische Philosoph Aristoteles (4. Jh. v. Chr.) galten, auch wenn es bei manchen Denkern Widerspruch gab, als Beweise: Was sie sagten, galt ohne Nachprüfung. Dabei hätte sich gerade Aristoteles mit Sicherheit gegen eine solche Argumentation zur Wehr gesetzt. Gegen diese Autoritäten wenden sich Naturwissenschaftler mit Beginn der Neuzeit zunehmend.

Mit Texten vertreten sind hier als Vertreter der „aristotelischen Schule" aus römischer Zeit (1. Jh. n. Chr.) **Plinius d. Ä.** und aus der beginnenden Neuzeit **Philipp Melanchthon** (eigtl. Ph. Schwarzerdt) und **Apian** (Petrus Apianus, eigtl. Peter Bienewitz). Vertreter der aufkommenden experimentierenden und systematisierenden Naturwissenschaft sind **Kopernikus**, **von Linné** und **Gilbert**.

Wichtige Themen der antiken Naturbeobachtung und Spekulation waren die *Astronomie* (hier: das Kosmosbild) und die Frage nach den kleinsten *Bausteinen der Materie* – Fragen, die heute noch auf einer höheren Stufe des Wissens im Mittelpunkt naturwissenschaftlicher Forschung stehen.
Der Kosmos erscheint im antiken Weltbild als ein in sich gefügtes System, eine schöne Ordnung – das bezeichnet ja auch das griechische Wort *kosmos*. In diesem Kosmos besitzt der Mensch seinen Platz im Mittelpunkt. Er ist mit der Erde gemeinsam geborgen in einem System ineinander gefügter kristallener Kugeln, gewaltiger Blasen, deren größte und letzte im Mittelalter das Ende der physischen Welt und den Anfang der Gotteswelt anzeigte.
Nikolaus Kopernikus hat dieses Kosmosbild in seinem Prinzip zerstört, indem er zeigte, daß die Erde kein Mittelpunkt ist. Aber auch ein so wichtiger Forscher wie Kopernikus deutet nur einen kleinen Ausschnitt aus dem Gesamtkomplex:

Lateinische Sachtexte · 9

◄ *Titelkupferstich der lateinischen Ausgabe von Galileo Galileis „Dialogus de systemate mundi" von 1700.* Dargestellt sind links Aristoteles (noch zwischen Licht und Schatten agierend); in der Mitte Ptolemaios mit seinem Weltmodell in Händen (vgl. Philosophenmosaik S. 27), ebenfalls zurückgedrängt im Schatten stehend; rechts Copernicus (statt Galilei selbst), der die Sonne als Weltzentrum präsentiert, die sein Gesicht bestrahlt.

viele weitere Forschungen wurden nötig, um wenigstens die Planetenbewegungen erklären zu können.

Die *Lehre von den Elementen* konkurrierte in der Antike mit der *Atomlehre,* die aber atheistische Aspekte hatte und daher für die Antike nur bedingt, für das Mittelalter überhaupt nicht in Frage kam. Aus vier Elementen besteht nach der Elementenlehre alles: das heißt, Körper sind Zusammensetzungen aus Erde (fester Materie), Wasser, Luft und Feuer (= Wärme). Die Art der Komposition macht die Individualität aus.

Am Ende des 18. Jahrhunderts wiesen *Scheele* und *Lavoisier* am Sauerstoff (Spaltung von H_2O) nach, daß es mehr als 4 Elemente geben mußte.

Am Beispiel der *Elektrizität* läßt sich zeigen, daß jeder Forscher, der eine Beobachtung einbringt, beteiligt ist am *Erkenntnisweg.* Zunächst muß ja ein Phänomen (Elektrizität, Magnetismus) einmal eingekreist und beschrieben werden: diese Leistung erbrachten die Naturwissenschaftler der Antike, hier vertreten durch *Plinius.* Das Problem wurde lange Zeit nicht weiter diskutiert, bis *Gilbert,* ein bedeutender Naturwissenschaftler der Zeit um 1600, durch Experimentieren die Frage weiter untersuchte. Auch diese Untersuchung war nur *ein* – großer – Schritt zum heutigen Erkenntnisstand. Diese abschließende Betrachtung soll heutigen Lesern zeigen, daß auch *unser* Erkenntnisstand weithin nur relativ richtig ist: so richtig, wie heutige Methoden Erkenntnis zulassen.

9 · Festlegen und Festhalten, Argumentieren und Bewahren

9.1   Verträge

9.1.1
Vertrag über einen Sklavenverkauf
CIL, Tabellae ceratae 941

Der folgende Text ist auf einer Wachstafel erhalten. Das sind Holztafeln, deren Innenseite mit Wachs überzogen worden ist; diese Seite beschrieb man, indem man den Text mit einem erwärmten Stift in das Wachs einritzte.
Sehr häufig wurden Wachstafeln für Verkaufsquittungen benutzt (wie im vorliegenden Beispiel).
Römische Soldaten erhielten zuweilen als Beute Sklaven zugewiesen. Diese Sklaven verkauften sie entweder während des Feldzuges oder in der Garnison an Aufkäufer, die sich in der Nähe der Armee aufhielten.
Dieser und der folgende Text wurden in Schachtanlagen Dakiens (Dacia ≈ heutiges Rumänien) gefunden.

Dasius Breucus emit mancipioque accepit puerum Aplaustum (sive is quo alio nomine est), natione Gr[a]ecum apochatum pro uncis duabus, ✶DL de *Bellico Alexandri,* fide rogato *M. Vibio Longo.* Eum puerum °sanum traditum, furtis noxaque solutum, erronem, caducum, fugitivum non esse praestari. Et si quis eum puerum, quo de [= de quo] agitur, partenve quam [= partemve aliquam] quis [= aliquis] ex eo evicerit, quo minus emptorem supra scriptum eunve [= eum puerum], ad quem ea res pertinebit, uti, frui, possidere recte liceat, tantam pecuniam duplam recte dari fide *rogavit Dasius Breucus,* dari fide *promisit Bellicus Alexandri.* Idem fide sua *iussit Vibius Longus.*   10

   Pro eo puero, qui °supra scriptus est, pretium eius
   ✶DL accepisse et habere se dixit
   Bellicus Alexandri
   ab *Dasio Breuco*
   Actum: kanabis legionis XIII geminae, XVII kal. Iunias   15
   Rufino et Quadrato cos.

9.1.2
Vertrag über den Kauf einer Sklavin
CIL, Tabellae ceratae 937

Maximus Batonis puellam nomine Passiam, sive ea quo alio nomine est, annorum sex emit mancipioque accepit de Dasio Verzonis [...] ✶ducentis quinque.

Iam puellam °sanam esse a furtis noxisque solutam, fugiti[v]um erronem non esse praestari. Quod si quis eam puellam partem quam ex eo [*statt*   5
ea] quis evicerit, quominus Maximum Batonis quove ea res pertinebit habere possidere recte liceat, tum quanti ea puella empta est, tam pecuni[a]m et alterum tantum dari rogavit Maximus Batonis, fide promisit Dasius Verzonis.

   Proque ea puella, quae supra scripta est, ✶ducentos quinque accepisse   10
   et habere se dixit Dasius Verzonis a Maximo Batonis.
   Actum Karto XVI k. Apriles
   Tito Aelio Caesare Antonino Pio et Bruttio Praesente cos.

Verträge/Kochrezept · 9

Den Verkaufsverträgen liegt ein Gesetz zugrunde, das der römische Jurist **Ulpianus** (gestorben 228) zitiert (erhalten in der römischen Gesetzessammlung „Corpus Iuris Romani"):

Z Gesetzestext
Digesten XXI 1.1

Qui mancipia vendunt, certiores faciant emptores,
  quid morbi vitiique cuique sit,
  quis fugitivus erro°ve sit,
  noxa solutus non sit.
5 Eaque omnia, cum ea mancipia venibunt, palam recteque pronuntianto.

① *Vergleiche die Vertragstexte mit der Fabel 7.1.2 (eventuell auch 7.1.5) des Phaedrus. Überlege dabei, was eine rein sachliche Information wie dieser Kaufvertrag von einer literarischen Gestaltung unterscheidet.*
② *Dem ersten Vertrag ist ein zweiter ohne Lesehilfen beigefügt. Wieweit reichen die an einem Modelltext erworbenen Kenntnisse aus, um ähnliche Informationstexte zu übersetzen?*

Zur Texterschließung

Ein Kochrezept

9.2

Unter dem Namen **Apicius** ist ein Kochbuch überliefert, das vermutlich im 3./4. Jahrhundert zusammengestellt worden ist. Es enthält in zehn Kapiteln (libri) verschiedene Kochrezepte. Genannt ist das Werk nach einem bekannten Feinschmecker, der im 1. Jahrhundert gelebt hat.
Kochrezepte geben die Möglichkeit, sachliche Informationen wieder aufzunehmen und praktisch zu verwerten. Allerdings setzt das römische Kochbuch Kochkenntnisse voraus und gibt nur die Zutaten an. Daher ist als Zusatzinformation die genaue Form der Zubereitung hier ebenfalls mitgeteilt. Man kann sie nur durch Versuche mit den Gewürzmengen usw. ermitteln.

Minutal ex praecoquis
Aus: Apicius, *De re coquinaria*

°Adicies in caccabum oleum, liquamen, °vinum. Concides cepam ascaloniam aridam, spatulam porcinam coctam tesselatim concides.
His omnibus coctis teres piper, cuminum, mentam siccam, anethum.
Suffundis mel, liquamen, passum, acetum modice, ius de suo sibi.
5 Temperabis, praecoqua enucleata mittis.
Facies, ut ferveant, donec percoquantur.
Tractam confringes, ex ea obligas.
Piper aspargis et inferes.

① *Das geschnetzelte Fleisch in Olivenöl anbraten.*
② *Dann liquamen (wenig), Wein und Schalotten oder Zwiebeln zugeben.*
③ *Würzmischung (eventuell in einer Küchenmaschine) herstellen; zusammen mit Honig (wenig), liquamen (wenig), Sherry, etwas Essig und abgeschöpftem Bratensaft vermengen.*
④ *Die gesamte Mischung zu dem Fleisch geben, ebenfalls die Aprikosen (1 Kilo entsteint auf 2 Kilo Fleisch). Sprudelnd kochen lassen. Dann mit Mehl oder alten Brötchen andicken, mit Pfeffer bestreuen, auftragen. Vorsicht beim Würzen, mit kleinen Mengen beginnen!*

Hinweis zur Herstellung

9 · Festlegen und Festhalten, Argumentieren und Bewahren

▶ *Bildnis eines Ehepaares. Wandgemälde aus Pompeji, um 75 n. Chr. Der Mann (möglicherweise ein Terentius Neo, der aus Wahlaufrufen als studiosus, d. h. wohl Rechtsgelehrter, bekannt ist) hält in der Hand eine Schriftrolle, seine Frau Wachstäfelchen (zur Notiz von Haushaltsausgaben) und einen Schreibgriffel. Neapel, Archäol. Nationalmuseum*

9.3 Notizen des Alltags

Ein „Haushaltsbuch"
CIL, Tabulae ceratae 953

Wachstafeln dienten auch zum Festhalten alltäglicher Notizen. Der folgende Text – der allerdings nicht überall ganz klar zu entziffern ist – ist eine Aufstellung über Einnahmen und Ausgaben; auch er wurde in Dakien (vgl. Text 9.1) gefunden. Man kann ihm eine ungefähre Vorstellung von Preisen (z. B. beim Kauf eines ganzen Schweines) entnehmen.

Das Entstehungsjahr des Textes ist nicht angegeben. Die Daten beziehen sich nur auf die Monatstage; man erhält das jeweilige Datum, indem man von dem mitgeteilten Monatstag die davorstehende Zahl abzieht, dabei wird der fixierte (Kalendae, Nonae, Idus) Tag mitgezählt.

Vorderseite

IIII non. April		
pr. non. April	ac	
VII idus April.	a	
idibus April.	acc	
XVII kal. Maias	acce	XX
XV kal. Maias	acce[p]it	✱ XXII
XIII kal. Maias	pensio	✱ XXV
VIIII kal. Maias	accepi	✱ XXV
VII kal. Maias	accepi	✱ XX
III kal. Maias	accepi	✱ XXV
kal. Maias	accepi	✱ XX …
… non. Maias	accepi	……
p[rid.] non. Aug.	XXIII	

pr. kal. Maias ex	✳ CLXVI		
agnos n. V	✳ XVIII		
porcellum	✳ V		
panem candid(um)	✳ II		
thus prim(um) s	✳ II		
.... ʃIII	✳ II		
....	✳ XCV		
...... ɢ III	✳ XX[XV?]		
peganinum	✳ I 2		
impensam	✳ S 2		
aceti ʃ I	✳ S		
salem et cep(am)	✳ S-2	✳ CL	
....	✳ IIS	✳ CLX	
....	✳ II		

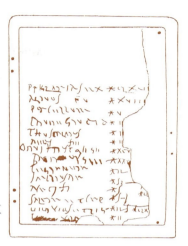

Rückseite

Forschen und Erkennen 9.4
Naturwissenschaftliche Sachtexte von der Antike bis zur Neuzeit

Die Rolle der Erde im Kosmos war Gegenstand astronomischer Forschung vor allem in der Antike und der beginnenden Neuzeit. Schon in der Antike hatte sich gegen begründete andere Vorstellungen die Meinung durchgesetzt, die Erde stehe im Mittelpunkt des kosmischen Systems – diese Meinung entsprach dann dem mittelalterlichen Denken in dieser Frage, das v. a. auf dem Alten Testament fußt. In dieser Zeit wurde das Problem daher nicht weiter erforscht. Dem mittelalterlichen Denken sind **Apianus** (1501 bis 1552; Professor in Ingolstadt) und **Melanchthon** (1497 bis 1560; Professor in Wittenberg, Mitarbeiter Luthers) verpflichtet. Ihr Zeitgenosse **Kopernikus**, der von 1473 bis 1543 lebte, berief sich auf eine ebenfalls antike Vorstellung, nach der die Sonne den Mittelpunkt des Systems bildet: **Aristarch**, ein Gelehrter in Alexandria, der von etwa 310 bis 230 v. Chr. lebte, hatte schon die Theorie begründet, daß die Erde sich um die Sonne drehe, ohne sich jedoch damit durchzusetzen. Melanchthons Argumentation (Text 9.4.1/b) mündet in eine Berufung auf die Autorität Gottes; eine wirklich einleuchtende Begründung für die alte Lehre kann auch dieser gelehrte Mann nicht bringen. Dieser „Autoritätsbeweis" wird in der Folgezeit immer weniger herangezogen. Kopernikus setzt an seine Stelle die nüchterne Überlegung: So ist die Wahrscheinlichkeit, daß sich ein einziger Stern, also die Erde, in 24 Stunden um seine Achse dreht, viel höher als die der Rotation einer riesigen Schale von Fixsternen in unvorstellbarer Geschwindigkeit.

9.4.1 Der Kosmos

Exakte Methode ist ein Kennzeichen moderner Wissenschaft. Kannst Du in den Texten diese Methode erkennen? Führt sie zu den aus heutiger Sicht richtigen Ergebnissen?
Gerade die Sprache der „alten" Wissenschaftler hat auf unsere Sprache gewirkt. Suche dafür Beispiele.

Zur Texterschließung

9 · Festlegen und Festhalten, Argumentieren und Bewahren

**a)
Das Bild
des Kosmos
bei Apianus
(1524)**

▶ Aus dem „Cosmographicus liber" (1524) des Apianus

Die Ringe der Zeichnung geben Kugeln wieder, sogenannte „Schalen" (sphaerae). Die Schalen sind aus Kristall, daher durchsichtig. Ihre Funktion ist unterschiedlich:
1. Von Luna bis Saturnus sind auf den Schalen stellae vagantes/vagae befestigt; das sind die Planeten, zu denen man auch Mond und Sonne zählt. Die Schalen bewegen sich, daher bewegen sich auch die Planeten.
2. Die 8. Schale (Octavum firmamentum) trägt alle Fixsterne (von figere: befestigen). Alle Fixsterne sind auf der Ebene einer einzigen Kugel befestigt, die sich in großer Geschwindigkeit innerhalb von 24 Stunden einmal um sich selbst dreht.
3. Die Schale 9 (Nonum coelum cristallinum) ist erst spät hinzugedacht worden, um die komplizierten Eigenbewegungen der Fixsterne zu erklären: Lange Beobachtungszeiträume hatten gezeigt, daß die Fixsterne nicht in ihrer relativen Position zueinander verharrten – das ließ sich nicht damit vereinbaren, daß sie alle auf einer Schale angebracht waren. Die Weise der Erklärung ist sehr kompliziert und kann hier übergangen werden.
4. Die Schale 10 (Decimum Coelum) ist als Primum Mobile der Anfang aller Bewegung, moderner gesagt: die Energiequelle für die Bewegungen der anderen Schalen.

Naturwissenschaft: Der Kosmos · 9

5. Das Coelum Empiraeum (auch empyraeum, von griech. pŷr „Feuer"), also der „lichtausstrahlende Himmel" war in antiker Vorstellung der Sitz des Lichtes. Im Mittelalter vermutete man hier den „Wohnsitz Gottes und der Seligen": Habitaculum Dei et omnium Electorum (habitare, eligere).
Beachte die vier Elemente, die um die Erde lagern: in der Reihenfolge ihrer Dichte Erde, Wasser, Luft; und als besonderes Element – fast schon den Sternen zugehörig – das Feuer.

VIVENTIS·POTVIT·DVRERIVS·ORA·PHILIPPI
NON·POTVIT·PINGERE·DOCTA
MANVS

◀ Porträt Philipp Melanchthons von Albrecht Dürer (1526)

De coelo

Oculi nobis octo Sphaeras demonstrant. Et °tot numerant Plato, Aristoteles et alii veteres – °scilicet °infimam Lunae, proximam Mercurii, tertiam Veneris, quartam Solis, quintam Martis, sextam Iovis, septimam Saturni, octavam Stellarum fixarum. His addidit recentior aetas duas, nonam et decimam, quae vocatur primum seu ultimum °mobile. Compertum est enim octavae sphaerae plures esse motus.

De °mundo

15 Et oculi sunt testes coelum circumagi viginti quattuor horis. Sed hic aliqui vel amore novitatis vel ut ostentarent ingenia, disputarunt *moveri Terram nec octavam Sphaeram nec Solem moveri, cum quidem ceteris coelestibus orbibus motum tribuant.* Terram etiam inter °sidera collocant. Nec recens hi ludi conficti sunt. Exstat °adhuc liber Archimedis de nume-
20 ratione °arenae, in quo narrat Aristarchum Samium hoc paradoxum tradidisse: *Solem stare immotum et Terram circumferri °circa Solem.* Etsi autem artifices acuti multa exercendorum ingeniorum causa quaerunt, tamen adseverare °palam absurdas sententias *non est honestum et nocet exemplo.* Bonae mentis est, °veritatem a Deo monstratam reverenter
25 amplecti.

Prima et °suprema omnium est stellarum fixarum sphaera, se ipsa et omnia continens °ideoque immobilis; nempe universi locus, ad quem motus et positio caeterorum omnium °syderum conferatur. Nam quod aliquo modo illam etiam mutari existimant aliqui, nos aliam, cur ita
5 appareat, in deductione motus terrestris assignabimus causam. Sequitur

b)
Melanchthon über Erde und Sterne

Aus:
Initia Doctrinae Physicae (1549)

c)
Das Weltbild des Kopernikus

9 · Festlegen und Festhalten, Argumentieren und Bewahren

Aus:
De revolutionibus orbium caelestium
I 10 (1543)

errantium primus Saturnus, qui XXX. anno complet circuitum. Post hunc Iupiter duodecennali revolutione mobilis. Deinde Mars, qui biennio circuit. Quartum in ordine annua revolutio locum implet, in quo *terram cum orbe lunari tamquam epicyclo contineri* diximus. Quinto loco Venus nono mense reducitur. Sextum denique locum Mercurius tenet 10

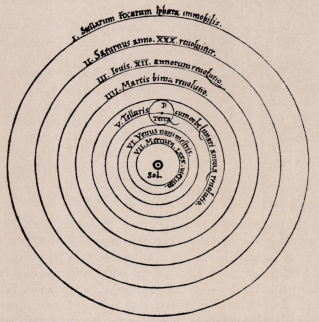

1. Die Fixstern-Schale ist hier „sphaera immobilis"; die neue Position der Erde/Sonne machte die komplizierte Konstruktion einer Fixsternschale unnötig, die in rasender Geschwindigkeit in 24 Stunden einen Kreis um sich selbst beschreibt; die allabendlich auftretenden Sternbilder hängen nach Kopernikus vielmehr mit der Drehung der Erde zusammen.

2. Die Sonne ist der unbewegliche Stern der Systemmitte.

Naturwissenschaft: Der Kosmos · 9

115
NICOLAVS COPERNICVS
Mathematicus.

Quid tum? si mihi terra mouetur, Sol᷑ quiescit,
Ac cælum: constat calculus inde meus.

M. D. XLIII.

◀ Porträt (Holzschnitt) des Nikolaus Kopernikus von T. Stimmer aus N. Reusners „Icones sive imagines virorum literis illustrium", Straßburg 1590. Das Maiglöckchen weist auf Kopernikus' Beruf als Arzt. In diesem Beruf war er zu Lebzeiten wesentlich bekannter denn als Astronom.

octuaginta dierum spatium circumcurrens. *In medio vero omnium residet Sol. Quis enim in hoc pulcerrimo templo lampadem hanc in alio vel meliori loco poneret, quam unde totum simul possit illuminare? Siquidem non inepte quidam lucernam °mundi, alij mentem, alij rectorem vocant.*

Das älteste bekannte Weltbild setzt die Erde einer Scheibe gleich, die auf dem Ozean schwimmt. Doch war spätestens seit Aristoteles (384 bis 322 v. Chr.) dieses Weltbild ersetzt durch die Vorstellung, die Erde sei eine Kugel.

d) Ist die Erde eine Kugel?

Die „Naturkunde" Plinius' d. Ä. (23/24–70 n. Chr.) bildet ein gewaltiges enzyklopädisches Kompendium in 37 Büchern, in dem der Autor das gesamte naturkundliche Wissen seiner Zeit darstellt. Er fußt dabei auf knapp 400 römischen und griechischen Wissenschaftlern, deren Werke er studiert hat.

De terra
Plinius d. Ä., aus:
Naturalis Historia
II 160/164

Est autem figura, de qua °consensus iudicat. Orbem certe dicimus terrae globumque verticibus includi fatemur. [...]

Eadem est causa, propter quam e navibus terra non cernatur, e navium malis conspicua; ac °procul °recedente navigio si quid, quod fulgeat, religetur in mali cacumine, °paulatim descendere videatur et °postremo occultetur.

Einen anderen, auf Aristoteles zurückgehenden Beweis führt Apianus an; er veranschaulicht ihn mit Textzeichnungen. Die Überschriften zu den einzelnen Bildzeilen (s. Abb. S. 94) lauten:

Terra est globosa
Petrus Apianus

9 · Festlegen und Festhalten, Argumentieren und Bewahren

Hoc schema demonstrat terram esse globosam.

Si terra esset tetragona, °umbra quoque tetragonae figurae in eclipsatione lunari appareret.

Si terra esset trigona, °umbra quoque haberet triangularem formam.

Si terra hexagonae esset figurae, eius quoque figura in defectu lunari 5
hexagona appareret, quae tamen rotunda cernitur.

aus:
*Cosmo-
graphicus liber*
(1524)

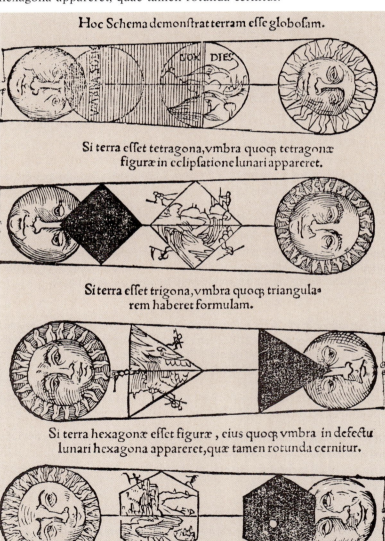

▶▶ *(S. 95) Die
vier Elemente.
Holzschnitt aus
Linhard Reinmans
„Practica von
warer erkentnis
des wetters",
Zwickau 1530*

Naturwissenschaft: Der Kosmos/Die Elemente · 9

Nicht weniger folgenreich als die Kosmosvorstellung der Antike war ihr Suchen nach den Bausteinen der Materie. Atomistik und Elementenlehre waren die beiden Richtungen, die bestimmend waren.
Die Atomistik (begründet von **Leukipp**, um 460 v. Chr.; sein Schüler war **Demokrit**, 460–371 v. Chr., griechische Naturwissenschaftler und Philosophen) lehrte, daß die Welt aus Atomen und leerem Raum bestehe. Die Elementenlehre dagegen nahm vier Grundelemente an, aus denen die Materie durch unterschiedliche Art der Elementenmischung entstand.
Die Atomistik wirkte besonders auf *Galilei, Descartes, Newton, Leibniz* und *Marx*; die Elementenlehre wirkte in ihren Denkansätzen in der mittelalterlichen Alchimie, von dort stark abgewandelt in der Chemie fort.

**9.4.2
Die Elemente**

Nec de elementis video dubitari *quattuor esse ea:* ignium summum – inde °tot stellarum illos conlucentium oculos; proximum °spiritus, quem Graeci nostrique eodem vocabulo aëra appellant: vitalem hunc et per cuncta meabilem totoque consertum; huius vi suspensam cum quarto aquarum elemento librari medio spatii tellurem.

a)
**C. Plinius
Secundus
d. Ä.**
Naturalis
Historia II 10/11

Quid est Elementum?
Elementum est corpus, ex quo mixtum componitur, °tamquam ex parte simplici seu, ut loquuntur, minima, quae non potest dividi in diversarum specierum corpora.

5 °Quot sunt Elementa?
Magna fuit vanitas ingeniorum, quae – omissa communi doctrina – quaesiverunt prodigiosas opiniones: ut dixit Democritus infinita esse Elementa, Anaxagoras unicum tantum. At communis sententia antiquissima est praeter coelum *quattuor esse corpora simplicia et prima non*
10 *viventia,* quae nec inter animata nec inter °animalia numerari possint: scilicet *Ignem, Aërem, Aquam et Terram.*

°Argumentum
In animantibus sunt diversae partes, quae ad singulorum Elementorum naturas congruunt: necesse est igitur ani-
15 mantia ex Elementis mixta esse. In homine sunt ossa et caro, quae congruunt cum terra. Humiditates congruunt cum aqua, Spiritus cum aëre et igni. [...]

Quomodo °discernuntur Elementa?
[...]
Ignis calidus est et siccus.
20 Aër calidus et humidus.
Aqua °frigida et humida.
Terra frigida et sicca.

b)
**Philipp
Melanchthon**
Aus:
*Initia Doctrinae
Physicae*

95

9 · Festlegen und Festhalten, Argumentieren und Bewahren

> CAROLI LINNAEI,
> SVECI, DOCT. MEDIC.
> **SYSTEMA NATVRAE,**
> SIVE
> REGNA TRIA NATVRAE
> SYSTEMATICE PROPOSITA
> PER
> CLASSES, ORDINES, GENERA ET SPECIES.
>
> CAROLI LINNAEI,
> aus Schweden, M. D.
> **Natur=Systema,**
> Oder
> Die in ordentlichem Zusammenhange vorgetragene
> **Drey Reiche der Natur,**
> nach ihren Classen, Ordnungen, Geschlechtern und Arten,
> in die Deutsche Sprache übersetzet,
> und mit einer Vorrede herausgegeben von
> **Johann Joachim Langen,**
> Mathes. Prof. Publ. Ordin. zu Halle, der Kayserl. Carol. und Kön. Preuß. Societäten der Wissenschaften Mitgliede.
>
> Halle, gedruckt mit Gebauerischen Schriften. 1740.

9.4.3 Systematik in der Tier- und Pflanzenwelt: Carl von Linné

Wie die Beschreibung des Kosmos und der Elemente in der Zeit vor Christi Geburt nahezu auf demselben Stand war wie fünfzehnhundert Jahre später, hat auch die genaue Einteilung der Tiere und Pflanzen *("Systematik")* erst in der Neuzeit wirkliche Fortschritte gemacht.

Die moderne Systematik hat ein schwedischer Naturforscher geschaffen: Carl von Linné (1707–1778) teilte die Natur ein in drei regna. Innerhalb dieser regna wird weiter unterteilt in classes, dann in ordines, in genera und species.

Die wissenschaftliche Benennung einer Pflanze oder eines Tieres erfolgt mit den beiden letzten Einteilungsgruppen, dem genus und der species. Daher besitzen alle wissenschaftlich erfaßten Lebewesen (mindestens) zwei lateinische Namen. Das Linnésche System hat sich bewährt; es ist seitdem noch verbessert worden (so teilt man heute Tiere nach „Bauplantypen" ein), aber das Prinzip der Benennung ist geblieben.

O IEHOVA!	HERR!
Quam ampla sunt opera Tua!	Wie sind deine Werke so groß und viel? Du hast sie alle weißlich geordnet, und die Erde ist voll deiner Güte.
Quam ea omnia sapienter fecisti!	
Quam plena est terra possessione Tua!	
Pf. CIV, 24.	Pf. 104, 24.

Naturwissenschaft: Tier- und Pflanzenwelt · 9

Observationes in regna tria naturae
Corpora naturalia in tria naturae regna dividuntur:
lapideum nempe, vegetabile et °animale.
°Lapides crescunt, vegetabilia crescunt et vivunt, °animalia crescunt,
5 vivunt et sentiunt. °Hinc °limites inter haec regna constituti sunt.

Methodo nova, maximam partem propriis autopicis observationibus fundata in singulis partibus usus fui. Probe enim didici paucissimis [hominibus], observationes quod attinet, facile credendum esse.

Dabam Lugduni Batavorum, 1735, Iulii 23;
10 CAROLUS LINNAEUS; M. D.

Die Tafel zeigt einen Ausschnitt aus dem Regnum Animale, daraus die Classis Prima: Quadrupedia. Man sieht die Untergliederungen in die Ordines, hier Ordo Primus = Anthropomorpha. Die Genera dieser Ordo sind bei Linné Homo, Simia, Bradypus. Diese Genera werden dann in Species unterteilt.
Um die wissenschaftliche Bezeichnung zu erhalten, muß man erst das Genus ablesen (z. B. SIMIA), dann die entsprechende Species (z. B. SIMIA PAPIO).

Erklärungen zur Tafel

REGNI ANIMALIS CLASSIS PRIMA, QVADRVPEDIA.
Des Thier-Reichs Erste Classe, die Vierfüßigen.

Ordines. Die Ordnungen.	Genera. Die Geschlechter.	Characteres generum. Die Kennzeichen der Geschlechter.			Species. Die Arten.	
ORDO PRIMUS. ANTHROPO-MORPHA. Erste Ordnung. Die Menschen gestaltigen.	1. HOMO. Der Mensch.	Nosce te ipsum. Erkenne dich selbst.			H. Europaeus albescens. H. Americanus rubescens. H. Asiaticus fuscus. H. Africanus niger.	Der Europäer weißlich. Der Americaner röthlich. Der Asiate gelblich. Der Africaner schwarz.
	2. SIMIA. Der Affe.	Digiti 5. Posteriores anterioribus similes. Die fordern gleichen den hintern.	ANTERIORES. Forder Zehen	POSTERIORES. 5. Hinder Füße.	Simia cauda carens. Papio. Satyrus. Cercopithecus. Cynocephalus.	Der Affe ohne Schwanz. Der Pavian. Der Wald-Teufel. Die Meer-Katze. Der Hundes-Kopf.
	3. BRADYPUS. Das Faul-Thier.	Digiti 3. vel 2. Zehen 3. oder 2	3. 2.		Ai. Ignavus. Tardigradus.	Das Ai, Faulthier mit 3 Zehen fern. Das Faulthier mit 2 Zehen fern.
ORDO SECUNDUS. FERAE. Andere Ordnung. Die wilden Thiere.	1. URSUS. Der Bär.	Digiti. 5. Mamma 4 (Ald). Calcaneis insistit. Pollex extus positus. Er kann aufrecht stehen. Der grosse Zehe ist auswerts.	Scandens. Er Klettert.		Ursus. Coati Mrg. Wickhead Angl.	Der Bär.
	2. LEO. Der Löwe.	Digiti. 5. Mamma. 2. ventrales. Lingua aculeata. Zehen 5. hat 2 Zitzen am Bauch: eine spitzige Zunge.	Scandens. Er Klettert.		Leo.	Der Löwe.
	3. TIGRIS. Der Tieger.	Digiti. 5. Mamma 4 umbilicales. Lingua aculeata. Zehen 5. hat 4 Zitzen am Nabel; eine spitzige Zunge.	Scandens. Er Klettert.		Tigris. Panthera.	Das Tieger-Thier. Das Panther-Thier.
	4. FELIS. Die Katze.	Digiti 5. Mamma 8. sc. 4. pect. 4. abdom. Lingua aculeata. Zehen 5. hat 8 Zitzen 4 an der Brust, 4 am Unterleib: eine spitzige Zunge.	Scandens. Sie Klettert.		Felis. Catus. Lynx.	Die gemeine Katze. Die wilde Katze. Der Luchs.

97

40 OBSERVATIONES IN REGNVM ANIMALE.

1.

Zoologia, pars illa Hiſtoriæ Naturalis Nobiliſſima, longe minus exculta eſt, quam duæ reliquæ ejus partes. Si tamen vel Motum, vel mechaniſmum, vel ſenſus externos internosque, vel denique figuram Animalium, cæteris præſtantiorem, reſpiciamus, omnibus in aprico erit, Animalia eſſe ſumma & perfectiſſima Creatoris opera.

2. Si Zoologias Auctorum ſub examen revocemus, maximam partem nihil niſi narrationes fabuloſas, diffuſum ſcribendi modum, Chalcographorum Icones & Deſcriptiones imperfectas, ac ſæpe nimis extenſas, inveniamus. Pauciſſimi vero ſunt, qui Zoologiam in Genera & Species ſecundum leges Syſtematicas redigere tentarunt, ſi Nobiliſſ. *Willughbejum* & Clariſſ. *Rajum* excipiamus.

3. Hinc Obſervationibus, quas unquam propria autopſia obtinere potuerim adjutus, Syſtema quoddam Zoologiæ conſcribere cœpi, quod heic Tibi ſiſto Illuſtris Lector. In *Tetrapodologia* Ordines Animalium a Dentibus; in *Ornithologia* a figura Roſtri; In *Entomologia* ab Antennis & Alis &c. inprimis deſumſi.

4. In *Ichthyologia* nullam ipſe elaboravi Methodum, verum Suam nobiſcum communicavit ſummus noſtri temporis Ichthyologus Cl. D. *Petr. Artedi*, *Suecus*, qui in diſtinguendis Generibus Piſcium Naturalibus, & Specierum differentiis parem ſui vix habuit. Hanc Curioſo Lectori jam ſiſto, ut ideam totius operis heic videat. Plura Ill. Lect. brevi ab Eodem exſpectabit, *Inſtitutiones* nempe *totius Ichthyologiæ*.

5. Sunt qui putent *Zoologiam* minus *utilem* eſſe, quam reliquas Hiſtoriæ Naturalis partes, inprimis ad minutiſſima Animalcula quod attinet; ſed ſi hucusque notiſſimorum tantummodo Inſectorum Noxam, Utilitatem & Proprietates conſideremus, facile apparebit, quantam utilitatem, eamque magni momenti futuram, affunderent ἰδιότητες eorum, quæ nondum probe cognita nobis ſunt.

Anmerkungen über das Thier-Reich.

I.

Der edelste Theil der natürlichen Historie, welchen man die Thierbeschreibung nennet, ist bey weiten noch nicht so ausgearbeitet als die andern beyden. Und dennoch wird ein jeder leicht einsehen können, daß unter allen Werken des Schöpfers die Thiere die allervollkommensten sind, wir mögen entweder auf die Bewegung, den Mechanismum, oder auf die äusserlichen und innerlichen Sinne, oder auf die Gestalt derselben sehen.

2. Wenn wir der mehresten Schriftsteller Thierbeschreibungen untersuchen, so werden wir größten Theils nichts anders als fabelhafte Erzehlungen, eine weit ausschweifende Schreibart, Kupferstiche und unvollkommene doch aber allzuweitläufige Beschreibungen antreffen. Die wenigsten aber haben ein Versuch gemacht ihre Thierbeschreibungen den Regeln eines ordentlichen Zusammenhanges gemäß nach Geschlechtern und Arten einzurichten, wenn wir nur den berühmten Willughbejum und Raium ausnehmen.

3. Daher habe ich angefangen eine Thierbeschreibung in ordentlichen Zusammenhange auszuarbeiten, und zwar nach den Anmerkungen, welche sich auf meinen eigenen Augenschein gründen. Und diese lege ich dem geehrtesten Leser hiermit vor Augen. In der Beschreibung der vierfüßigen Thiere habe ich hauptsächlich die Ordnungen nach den Zähnen, der Vögel nach der Gestalt des Schnabels, der Insecten nach den Fühlhörnern und Flügeln u. s. w. eingerichtet.

4. In Beschreibung der Fische habe ich selbst keine Methode ausgearbeitet, sondern es hat der grosse Fischkündiger unserer Zeiten Herr D. Petr. Artedi, ein Schwede, die seinige mir mitgetheilt. Es hat dieser Mann in Eintheilung der Geschlechter und Unterscheidung der Arten der Fische kaum seines gleichen gehabt. Diese Eintheilung trift der curieuse Leser hier an, damit er sich eine kurze Vorstellung von dem ganzen Werke machen könne. Ein mehreres wird von ihm selbst mit nächsten in seiner Anweisung zu der ganzen Fisch-Beschreibung zu erwarten seyn.

5. Es giebt Leute welche dafür halten daß die Beschreibung der Thiere nicht so grossen Nutzen habe als die übrigen Theile der natürlichen Historie, insbesondere was die ganz kleinen Thierchen anbelangt. Allein wenn wir nur den Schaden, den Nutzen und die Eigenschaften der bekanntesten Insecten betrachten, so ist leicht zu erachten was die Kenntniß der uns noch unbekannten Eigenschaften vor grossen Nutzen bringen würde.

6. Na-

◀ *(S. 98) Carl von Linné in seiner Lappen-Tracht (Linné unternahm eine Forschungsreise nach Lappland). Stich des 19. Jh.s nach einem Gemälde von M. Hoffman.*

9 · Festlegen und Festhalten, Argumentieren und Bewahren

9.4.4 Das Problem des Magnetismus

Die Beobachtung, daß Magneten Eisen anziehen, ist schon früh belegt (**Thales**, um 624 bis 546 v. Chr.); man erkannte auch, daß eine Kraft wirksam war, doch gelang keine wirkliche Aufklärung. Man vermutete, daß die elektrische Kraft eines durch Reibung aufgeladenen Bernsteins ebenfalls Magnetismus sei. Die wissenschaftliche Aufhellung gelang erst dem Engländer **William Gilbert** (1600).

Dieser Gegenstand menschlicher Forschung wird an zwei Texten vorgestellt: der erste Text (*C. Plinius Secundus,* 23 bis 79) zeigt eine Methode, nicht erklärte Phänomene als eine Art Geisterkraft darzustellen; der zweite Text (*William Gilbert,* 1544 bis 1603) ist ein Beispiel moderner, analysierender Naturwissenschaft.

a) C. Plinius Secundus d. Ä.
Naturalis Historia XXXVI 25 ff.

Quid ferri duritia pugnacius? Pedes ei [natura] impertivit et mores: trahitur magnete °lapide! Domitrix illa rerum omnium materia ad inane nescioquid currit atque, ut propius venit, adsilit; tenetur, amplexuque °haeret. Sideritim ob id alio nomine vocant. [...] Magnes appellatus est ab inventore, ut auctor est Nicander, in Ida repertus. Namque et passim 5
inveniuntur, ut in Hispania quoque. Invenisse autem °fertur clavis crepidarum baculi cuspide °haerentibus, cum armenta pasceret [...].

Omnes autem hi [magnetes lapides] oculorum medicamentis prosunt ad suam quisque portionem; °maximeque epiphoras sistunt. Sanant et adusta cremati tritque. 10

b) William Gilbert (1600)

Aus: Guilielmi Gilberti Colcenstrensis medici Londensis de magnete, magneticisque corporibus et de magno magnete tellure Physiologica nova, Londini MDC

Gilbert hat Bedeutung in der Naturwissenschaft erlangt, weil er zuerst „magnetische" von „elektrischen" Kräften unterschied. Diesen Unterschied sah er vor allem darin, daß magnetische Kräfte nur auf bestimmte Körper (Eisen) wirken, während elektrische Kräfte allgemeine Anziehungskräfte entwickeln. („Magnes tantum provocat magnetica; ad electrica feruntur omnia.")

In magneticis semper natura tendit ad unitatem, non confluxum solum et accumulationem, sed convenientiam. In exemplo sequenti varie ostenditur:

Sit magneticum integrum C–D; C tendit in boream telluris (B); et D in °meridiem (A). 5
Divide hunc in medio; et erit E tendens in A
et F tendens in B.
Sicut enim in integro, ita in diviso natura petit haec corpora uniri: E (finis) cum F rursus coit et cohaerent.

E vero non iungitur cum D, nec F cum C.

(*Tunc enim oportebat C *converti contra naturam in austrum (A), aut D in boream (B); id est alienum et incongruens.)

*Converte D ad C: et optime conveniunt et combinantur.

Nam D tendit in austrum – ut *prius. C in aquilonem. E et F (connatae partes) sunt dissitae maxime; non enim confluunt propter affinitatem materialem, sed a forma motum et inclinationem suscipiunt. Ita termini sive coniuncti sive divisi eodem modo tendunt magnetice ad telluris polos in prima integra figura et divisa.

Ostenditur haec convenientia formae magneticae in vegetabilium etiam formis. Sit virgula ex fronde salicea aut alia arbore, quae facile germinat, AB. A: superna pars; B: versus radicem inferna.

Divide illam in CD. Dico, quod finis D arte putatoria inserta rursus in C accrescit; perinde etiam B inserta A consolidantur simul et germinant.

At: D inserta in A aut C in B *lites agunt nec *umquam accrescunt, sed emoritur altera propter praeposteram et inconvenientem appositionem, cum vis vegetativa, quae una via procedit, in *contrarias partes agatur.

Magnetische Körper bauen an ihren Polen negative bzw. positive Kraftfelder auf. Hier gilt, daß sich gleichartig geladene Kraftfelder abstoßen, ungleichartig geladene anziehen. Trennt man nun einen solchen magnetischen Körper in *zwei* Körper, verhält sich jeder der beiden neuentstandenen Körper wie der ursprüngliche Körper; es entstehen also an den Enden die eben beschriebenen Polarisierungen. Das hat Gilbert beobachtet und hier beschrieben.

Seine Versuche mit Pflanzen basieren auf der Annahme, daß auch Pflanzen entsprechende magnetische Felder besitzen. Das ist nicht richtig: Vielleicht hätten seine Pfropfversuche gelingen können – gegen seine Erwartung –, wenn er die Leitungssysteme der Pflanzen exakt aufeinander gepfropft hätte.

Die beiden Texte zeigen ein Stück des Weges zu einer naturwissenschaftlichen Theoriebildung. Plinius beschreibt die Isolierung eines Naturphänomens als *Phänomen*, also das auffällige Verhalten des Magnetismus. Gilbert versucht, dieses Phänomen gegen verwandte Naturerscheinungen wissenschaftlich abzugrenzen. Daß zwischen der Aufdeckung des Phänomens und dem *Beginn* (Gilberts Thesen mußten korrigiert werden) einer experimentellen Untersuchung soviele Jahrhunderte liegen, zeigt das geringe Interesse dieser Jahrhunderte an naturwissenschaftlicher Theorie, die nicht auf eine Alltagspraxis (z. B. das Bauwesen) anwendbar war.

10 Lateinschulen in der Neuzeit

Schulen waren im Mittelalter zunächst an Klöster gebunden; bei Caesarius von Heisterbach (Kap. 6) tritt ein Novicius auf, ein Klosterschüler, der in den Klosterdienst eintreten will. Doch nahmen diese Schulen auch andere Schüler auf. Reiche Städte stellten neben diese kirchlichen Schulen schon im ausgehenden Mittelalter eigene Bildungsstätten – in ihnen wurde das *„Trivium"* gelehrt, Grammatik, Rhetorik, Logik (daher „Trivialschulen"), alles natürlich auf die lateinische Sprache bezogen. So bürgerte sich für diese Schulen in der Bevölkerung der Name „Lateinschulen" ein.

Als während der Reformation viele der Klosterschulen aufgelöst wurden, übernahmen auch kleinere Städte die ursprünglich den Klöstern zugeordneten Schulen, und der Begriff Lateinschule weitete sich nun aus.

Latein war für die künftigen Studenten eine lebende Sprache: Sie mußten sie sprechen und verstehen können, also sie aktiv und passiv beherrschen, denn der Universitätsunterricht wurde in lateinischer Sprache gehalten. 1687 hielt zwar Thomasius die erste Vorlesung in deutscher Sprache an der Universität Leipzig; doch wurden bis ins 19. Jahrhundert hinein viele Universitätsveranstaltungen in Latein gehalten; Doktorarbeiten aller Fachrichtungen waren bis weit ins 19. Jahrhundert hinein in Latein abgefaßt.

Wer heute Latein lernt, steht also in einer Traditionsreihe, die mit den Klosterschülern des frühen Mittelalters ihren Anfang nahm.

Die Lateinschulen waren in ihrem Unterricht und Aufbau ganz auf Theorie hin orientiert; körperlicher Ausgleich war wenig gefragt. Doch zeigt *Text 10.2*, daß schon zur Lutherzeit einsichtige Pädagogen an den Lateinschulen Sport und Sportspiele einführten.

▶ Allegorische Darstellung der Grammatik, Rhetorik und Logik („*Trivium*") durch Säen, Mahlen und Backen. Holzschnitt von einem Elsässer Meister um 1500. Text über den Bildern:
Grammatica:
Ich see in der erden kreiß/Darvon Priscianus wol weiß.
Rhetorica:
Was du geseet hast/Das legt Tulius alles in seinen kast.
Logica:
Was ir zwen gewürcket hand/Das kumbt alles in Aristotiles hand.
(Priscianus: lat. Grammatiker um 400 n. Chr.; Tulius: M. Tullius Cicero)

Die meisten Schüler wohnten im Schulort in privaten Pensionen, denn es gab nur an wenigen Orten eine Lateinschule. So blieb ihnen nichts übrig, als im Schulort eine Pension zu suchen. Das stellte die Lehrer vor die Aufgabe, die Schüler entweder in einem Schülerheim unterzubringen oder sie bei den Privatleuten zu kontrollieren. Als Ordnungsmaß wurden daher *Schulordnungen* aufgestellt, aus denen Beispiele angeführt sind *(10.3)*. Auch *Text 10.1* ist eine allgemeine Anweisung: der meist gemeinsam besuchte Mittagstisch der Schule erforderte auch Tischordnungen.
Die Notwendigkeit, bei all diesen Gelegenheiten Latein sprechen zu müssen, machte „*Konversationsbücher*" nötig, in denen Alltagssituationen der damaligen Zeit in lateinischer und deutscher Sprache dargestellt wurden, vergleichbar modernen Sprachführern für Auslandsreisen *(Text 10.5)*. Diese Konversation ist nicht nur für den an der lateinischen Sprache Interessierten wichtig: Sie spiegelt einen Teil des Lebens eines Lateinschülers im 18. Jahrhundert wider. Alle diese Texte lassen erkennen, daß die Lehrer um das Wohlbefinden ihrer Schüler besorgt waren, wenn auch in einer uns fremden Weise. Das zeigen erst recht die relativ späten Texte des Aufklärers *Basedow*, in denen über Genußgifte geschrieben wird. *(Text 10.4)*

◀ *Lehrer auf dem Katheder und Schüler. Holzschnitt aus der Werkstatt H. Quentels, Köln 1495*

Lebens- und Betragensregeln 10.1

Aus: *Praecepta morum ac vitae accomodata aetati puerili, soluta oratione et versibus quoque exposita.* A Ioachimo Camerario Papeberg, Leipzig 1544
Versmaß: Distichon

Parva quidem res est vestis, sed veste notari **Körperpflege**
   qui dicunt animos, dicere vera solent.
Quare et communi et consueto more paretur
   indusium, tunicae, pilea, laena, toga.
5 Oderis et sordes, placeat servata venustas.
   °Sordidus est °numquam laudis amator homo.
Pexus ut extrema °labatur ab aure capillus,
   oraque suffusa mane rigentur aqua!
Ut niteant palmae – careant squaloribus ungues!
10 Unda datur gratis: saepe lavato manus!
Ne pituitoso destillent phlegmate nares,
   Ergo tuo semper lintea ferto sinu!

10 · Lateinschulen in der Neuzeit

▶ *Bild zu Hans Sachs „Ein Tischzucht". Nürnberger fliegendes Blatt des 16. Jh.s*

Tischsitten

Quae te sortita est – maneas in sede quietus,
  neu, stolide dictu, °membra pudenda move!
Neve caput iacta, non fauces differ edendo,   15
  neve tibi lingua tunsa palata sonent!
Nec pro te grandes epularum construe moles
  sed tibi sorte datas arte decenter ede!
Multi epulas veluti fugitivos ore sequuntur;
  Haec adversa scias moribus esse °probis!   20
Ergo °decet tenuisse modum, tenuisse decorum,
  nec lentum esse °nimis, nec °properare nimis.

Haec vero °mensae et vitae praecepta probatae
  – qui bonus esse studes – inviolata tene!

10.2 Sport und Spiele im Gymnasium

Aus:
De Gymnasiis Dialogus,
a Ioachimo Camerario Papeberg, Leipzig 1544

Puer: Educimur saepe quidem numero caelo sereno extra portam in campum, ubi luctationes quoque aggredimur et digladiationes et pilam iacimus et spatia decurrimus.
Vir: Sed nunc ‚umbratica' enumera!
Puer: Quae neque palaestram neque arenam desiderant?   5
Vir: Ita, inquam.

Puer: Horum est, quod suspensos apprehendimus funes, aut tignis impactam perticam, tenemusque, quam diu possumus. Aut in demissum

funem insertis pedibus progredi quam longissime manibus conamur.
*Praeterea consistit aliquis in medio, qui brachia aut distendit ulnamque aperit, aut iungit ad pectus atque implectit, alterumque, qui velit, iubet vi illa inflectere aut explicare. [...] Item unus alterum medium *complectitur iubetque vinculum dissolvere. Nec non manum aliquis comprimit, ut pugnus fiat, iubetque alterum explanare, ut fiat palma. Solemus et mediocre pondus uno in loco stantes vel remotius attollere vel aliquo deponere.

Ludimus, quod nostra lingua ‚Vaccae Latebras‘ nominamus: Uni (qui *primo sortito constituitur) stanti praefinito in loco comprimuntur oculi. Quo facto discurrimus omnes et latebras quaerimus. At ille prius ter se venturum minari debet, quam oculos aperiat. Ubi ter dixit ‚Venio!‘, circumit et vestigat omnia loca. Si quem conspexit, recurrit in suum locum clamans: ‚Inveni!‘

Omnibus igitur studium hoc est illum *latentes antevertere et in ipsius locum subire: Si quis id effecit et occupavit prius locum quam ille, indicat iubetque omnes adesse; ita illi iterum oculi ut ante concluduntur. *Sin ipse invento aliquo recurrit primus in locum suum, is, qui inventus est, pro ipso connivet [...].

◄ *Ringen und andere Leibesübungen. Aus Polydor Vergilius „Von Erfindung der Dingen", Augsburg 1537*

10.3 Schulordnungen

Die hier in Auszügen vorgestellten Schulordnungen stammen aus der Reformationszeit wie die Texte 10.1 und 10.2. Diese Auszüge beschränken sich auf einige für unser Zeitverständnis dieser Epoche wichtige Gesetze.

Daß Schulen eigene LEGES besaßen, ist darauf zurückzuführen, daß es eine das ganze Schulwesen erfassende Ordnung nicht gab. So wurden in den einzelnen Schulen jeweils besondere Schulgesetze erlassen, die sich aber in den meisten Punkten sehr ähneln.

Für uns interessant sind die Gebote, die dem *„Scholaren"* auferlegten, sich von der Bevölkerung der Stadt nach Möglichkeit fernzuhalten. Die meisten Schüler waren ja „Pensionäre"; die Verkehrsverhältnisse erlaubten nur selten eine Heimfahrt. Die Schulverwaltung befürchtete nun, daß die Schüler mit denjenigen Bürgern Kontakt aufnehmen könnten, die ihr Leben etwas leicht nahmen: einige uns merkwürdig erscheinende Verbote rühren daher.

Daneben sind auch die Leges für uns von Interesse, die die Unsicherheit der damaligen Zeit zeigen.

10.3.1 Brieger Schulordnung 1581

De officiis scholasticorum generalibus
[...]

VI Pugiones et alia quaecumque arma ad nocendum comparata neque in publico neque in Schola gestent; nullas rixas moveant; simultates fugiant; non °dimicent; non se °mutuo ad pugnam provocent [...]; neminem feriant et laedant; neque in civium hortos conscendant.

VIII °Vesperi hora nona postquam signum publicum datum fuerit, omnes Scholastici domi sint. Ab eo tempore inventi in plateis, discursationibus et vociferationibus civium turbantes a vigilibus publicis in carcerem Oppidi, donec lucescat, ducendi sunt et Rectori indicandi.

IX Ad Rectorem neque agminatim neque turbulente accedant.

X Aestivo tempore lavandi causa neque Oderam neque stagna et aquas (insignium periculorum vitandorum causa) ingrediantur. Hiberno tempore neque massis niveis quemquam petant neque in glacie corpus ad decurrendum incitent [...].

XIII Ad tabernas vel alia loca, [...] in quibus luxui, potationibus et lascivis choreis indulgetur, [...] non accedant.

XIV A nuptialibus choreis, publicis civium congressibus et °conviviis Scholastici absint.

XV Piscationes, aucupationes et columbarum interceptiones, quae scholasticis °minime conveniunt et eorum ordinem deformant, summo opere vitent.

XVI Ab aleae, tesserarum, chartarum et omni lusus genere Scholasticis non convenienti (et turpis °lucri causa instituto) omni modo abstineant.

▶ *(S. 107) Ein im Duell verwundeter, liederlicher und verschuldeter Student wird vor den Rektor zitiert. Nach dem „Speculum Cornelianum" des Straßburger Kupferstechers Jakob von der Heyden, 1618.*

De moribus et officiis communibus

Prohibemus gladios, pugiones, sicas, iaculationes globorum plumbeorum, evocationes ad °dimicandum, °seditiones, grassationes, symposia, publicas tabernas et quidquid Martium magis est quam Musarum.

Piscationes, venationes, aucupationes et similia scholasticis non conveniunt et ab iis exerceri non volumus.

De moribus in cubiculis

Mane dato campana signo e °lecto Scholastici confestim surgant, suas celeriter vestes induant, °lectos rursum sternant et componant, cubiculum expurgent, capillos pectant, calceorum sordes et pulverem detergant, manus, °faciem, os et °dentes aqua gelida proluant et implorato divino auxilio et Spiritus sancti gratia suae operas vocationis et labores alacriter faciant. Operas et totius diei labores in certas horas °distribuant.

E cubiculis °tacite exeant et cum silentio in ea rursum introeant.

10.3.2 Magdeburger Schulordnung 1553

10.3.3 Ordnung des Pädagogiums zu Gandersheim 1571

10.4   Ratio und Virtus – Erziehungsgedanken der Aufklärung

Der Erzieher **Johann Bernhard Basedow** (1723 bis 1790) war ein Hauptvertreter aufklärerischer Pädagogik; er weist in seinem Opus Elementare auf Mängel der damaligen Erziehung hin: Vernachlässigung des Spieles, der Bewegung, der Naturbeobachtung usw. Die in diesem Abschnitt deutliche Sorge um die Gesundheit der Schüler ist natürlich nicht erst in der Aufklärung aufgekommen. Aufklärerisch ist aber die Art der Darstellung: der Versuch zu begründen, nicht einfach zu gebieten und zu verbieten. Das Spiel (unter 10.4.2) ist einer umfangreichen Spielsammlung des Opus Elementare entnommen. Spiele sind nicht Selbstzweck, sondern dienen der Erziehung – der Situationserfassung, der Geschicklichkeit, auch dem Vokabeltraining usw.
Die vorliegende lateinische Version des Opus Elementare stammt von einem Bekannten Basedows. Basedow hoffte, durch die Sprache der Gelehrten ein stärkeres Echo auf seine Bestrebungen zu bekommen.

10.4.1 Gefährlichkeit der Genußmittel

Ebrietas furor est aliquot horarum. Qui vero homo (ratione et virtute gaudens) furere cupiat?

Potus fortioris appetitus immoderatus usu in dies roboratur. Avocat nos ab honoris et utilitatis studio. Contrahit paupertatem, vires enervat, liberos nostros infirmitate quadam debilitat. Omnem tandem sanitatem   5
vitamque ipsam pessumdat.

Immo difficilius est hoc vitium quam alia exuere.

Gloriosum quidam putant *larga potatione *non* inebrari. Quae gloria vana est aut saepissime aliquem fuisse ebrium testatur!

Usus herbae nicotinae per se insipidus est. Noxius saepe, praesertim in   10
potu vehementiori. Tempus multum perdit. Odorem et squalorem effert multis nauseosum. Si primum herba ista frueris, multam inde sentis molestiam – ebrietati non dissimilem. Dissuadeo ergo iuventuti usum herbae istius.

Potionum calidarum, ut theae aut potus fabiati, usus frequens sanitati   15
perniciosus est, multumque temporis et sumptum aliquem perdit. Quare iis ne adsuescas. Tamen usus harum deliciarum concedendus est, quippe quibus adventantes amicos sine commissationis periculo excipere licet.

10.4.2 Blindekuh

Lusus vulgaris, quem „caecae vaccae" lusum vocare solent vel „pila mittenda in sacculum". *Proicitur pila satis magna et per inclusum aërem exsaltatoria. Quaerit eam caecus, qui sacculum gestat pila non multo ampliorem. Certum tempus conceditur, quo capiat sacculo pilam dextra manu ad id non adhibita!   5

Elapso tempore constituto alius ex lusoribus succedit.

Erziehungsgedanken/Formulae loquendi · 10

Von vielen Kloster- und Lateinschulen wissen wir, daß die Schüler dort nur die lateinische Sprache verwenden durften. Da sie Latein lernten, um es zu sprechen und zu verstehen, war dieser Zwang methodisch begründet.

Damit die Jungen nicht heimlich doch ihre Muttersprache verwendeten, wurden unter den Schülern – geheime – Aufseher eingeteilt, die jeden Verstoß gegen das Lateingebot melden mußten. Oft bestand die Strafe in einer Kürzung des Taschengeldes.

Um den Schülern eine Gebrauchsanweisung des Lateinsprechens zu geben, verfaßte ein Lehrer (?) um 1740 ein lateinisch-deutsches Dialogbüchlein, das sich zufällig erhalten hat. Es ist interessant, weil es nicht abstrakte Themen behandelt, sondern dem Alltag eines damaligen Schülers in den Dialogen nachgeht. Dieses Buch „Formulae Latine loquendi pueriles" zeigt sowohl im lateinischen wie im deutschen Teil einige Auffälligkeiten, die – ganz abgesehen vom Lateinsprechen an sich – eine andere Kinder- und Jugendlichenwelt widerspiegeln als wir sie gewohnt sind.

10.5 Formulae Latine loquendi pueriles

Sebald Heiden, um 1740

Das Latein ist Umgangssprache; man kann deutlich erkennen, daß ein im Umgang verwendetes Latein andere Wörter, bequemere Syntaxstrukturen besitzt als literarisches Latein, wie es sonst überliefert ist.
Besonderheiten: j oft für i: *ajunt* statt *aiunt*; die langen Vokale werden im allgemeinen markiert; das lat. *erus* wird dem deutschen „Herr" angeglichen *(herus)*; S. 58 ist anscheinend ein Schreibfehler: nach *contra vos* müßte statt des Punktes ein Komma gesetzt werden.
Die deutsche Rechtschreibung unterlag noch keinen verbindlichen Regeln; Vokale werden daher oft mundartlich gefärbt wiedergegeben, z. B. Küssen für Kissen. Manche Wörter sind in der hier vorliegenden Bedeutung aus unserer Sprache verschwunden; z. B.: vorhanden = da; wann = wenn; bistu = bist du; itzt, itzo = jetzt; müglich = möglich; seumen (säumen) = sich mit einer Sache unnötig lange aufhalten. Ein Druckfehler ist wohl Krüse für Krüge.

Anmerkungen

**Dialogus X:
De cavendis
in scholis
corycaeis**
*Leonhardus;
Mauritius*

Leonhardus: Cur sic mussitas?
Mauritius: Non ausim aperte loqui.
L.: Quis te prohibuit?
M.: Praeceptor noster.
L.: Praeceptor tamen non adest. 5
M.: At corycaei adsunt.
L.: Quos corycaeos dicis?
M.: Observatores, qui nos deferunt ad praeceptorem.
L.: Nullum ex his nosti?
M.: Qui ego nossem? 10
L.: Tam caute rem agunt?
M.: Ea sunt astutia.
L.: Quos igitur deferunt apud praeceptores?
M.: Germanice loquentes et lascivientes.
L.: Loquere igitur Latine et stude modestiae. 15

**Wie man sich
vor den
Aufmerkern
in der Schule
hüten soll.**
Leonard; Moritz

L.: Warum redest du so heimlich?
M.: Ich darf nicht laut reden.
L.: Wer hat dirs verbotten?
M.: Unser Lehrmeister.
L.: Ist doch der Lehrmeister nicht vorhanden.
M.: Aber die Aufmerker sind da.
L.: Was für Aufmerker?
M.: Die Observatores, die uns beim Praezeptor antragen.
L.: Kennest du keinen von ihnen?
M.: Wie sollt ich einen kennen?
L.: Halten sie ihre Sachen so heimlich?
M.: Sie sind listig.
L.: Welche bringen sie beim Praezeptor an?
M.: Die da Teutsch reden und Muthwillen treiben.
L.: So rede Lateinisch und befleissige dich der Sitsamkeit.

DIALOGUS XV.
Prandium.

S. ephanus. *Tilemannus.* **Herus.**
S. Tilemanne, quota est hora?
T. Horam non audivi à septima.
S. Unde igitur potero cognoscere de tempore?
T. Ego transcurram ad aedem, & inspiciam horam.
S. I curriculo & renuncia.
T. Ajunt, nullam illic esse horam, quia horologium machinale sit si actum. (S.

Das fünffzehende Gespräch.
Das Mittagsmahl.

Stephan. Tileman. Der Haußherr.
S. Tilemann/was hats geschlagen?
T. Ich habe die Uhr nicht gehöret von sieben.
S. Wo kan ich denn erfahren/ wie viel Uhr es sey?
T. Ich wil nach der Kirchen lauffen/ und wil nach der Uhr sehen.
S. Gehe geschwind hin/ und sag mirs wider.
T. Sie sagen/man wisse alda von keiner Stunde/weil die Schlag-Uhr zerbrochen ist.

50 *Formulæ latinè*	*loquendi.* 51
S. Curre igitur ad curiam & inspice solarium.	S. So lauf nach dem Rahthauß uud siehe nach dem Sonnenzeiger.
T. Dicto citiùs volabo. Quâ causa autem ita sollicitus es de hora?	T. Ich wil in geschwinder eile lauffen. Warum bist du aber so bekümmert (sorgfältig) wegen der Uhr?
S. Animus mihi præsagit horam prandii instare.	S. Der Sinn trägt mirs zu/daß die Stunde des Mittags Mahl verhanden sey.
T. Jam dudum id mihi stomachus prædixit. Jam curro.	T. Das hat mir der Magen lang zuvor gesagt/ißo lauf ich hin.
S. Herus mihi dedit in mandatis, ut justo tempore mensam sternerem. Væ mihi, si horam consvetam neglexi.	S. Der Herr hat mir befohlen/ daß ich zu rechter Zeit den Tisch decken soll. Weh mir/wann ich die gewöhnliche Zeit verseumet habe.
T. Index illic signat decimam.	T. Der Zeiger weiset allda auf Zehen.
S. Accelerandum igitur est mihi, juves me quæso.	S. So muß ich eilen/ ich bitte dich hilff mir.
T. Juvabo naviter. Sed'quid mihi agendum est?	T. Ich wil fleissig helffen. Aber was muß ich thun?
S. Posce à ministra culinaria mappam, mantile, orbes & salinaria, panem item in canistro, & infer in cænationem.	S. Fordere von der Küchenmagd das Tisch- und Handtuch/ Teller und Saltzfasser/ und Brod in den Korbe/und trags in die Eßstube.
T. En, adsunt quæ adferri jussisti, quid nunc restat?	T. Siehe/da ists/was du hast heissen bringen/ Was mangelt ferner?
S. Elue cantharos istos, & scyphos & urceos & pocula vitrea.	S. Spüle die Kannen aus/ und die Becher/ die Krüse und Gläser.
T. Fiet	T. Es

52 *Formulæ latinè*	*loquendi.* 53
T. Het sedulo sine cunctatione.	T. Es sol fleissig verrichtet werden ohne Verzug.
H. Heus puer? ubi es?	H. Hörst du Jung/ wo bistu?
S. Adsum here. Quid me vis?	S. Ich bin da/Herr/was wolt ihr mir?
H. Curasti omnia, quæ ad prandium pertinent, ut jusseram?	H. Hast du alles zur Mittagsmahlzeit bestellet/wie ich dir befohlen hatte?
S. Jam sedulus sum in opere.	S. Ich bin ißt fleissig im Werck.
H. Fac, ut omnia probe sint apparata.	H. Verschaffe/ daß alles wohl bestellet sey.
S. Heus, Tilemanne; trade mihi pocula ista. Herus jam prodit.	S. Hörst du/Tileman/ gib mir die Trinckgeschirr. Der Herr ist ißo herfür kommen.
H. Infer huc plura sedilia.	H. Bringe mehr Stüle herein.
S. Quot sedilia?	S. Wie viel Stüle?
H. Tria, nam filii mei omnes mecum sunt pransuri.	H. Drey/denn meine Söhne sollen alle mit mir essen.
S. Adsunt. Sed pulvini duo desiderantur.	S Da sind sie. Aber es mangeln zwei Küssen.
H. Pulvinis pluribus opus non est. Jube parari cibum.	H. Es sind keine Küssen mehr nöhtig. Laß anrichten.
S. Qui cibi primum apponendi sunt?	S. Welche Essen muß man erst auffetzen?
H. Brassica cum lardo & bubula cum sinapi.	H. Kohl mit Speck/ und Rindfleisch mit Senff.
S. Sinapi non est paratum.	S. Es ist keiu Senff gemacht.
H. Incuria hæc est ancillæ, emas tribus nummis in proximo. (in vicinia)	H. Das ist der Magd Unachtsamkeit/ kauff vor drey Pfennig in der Nachbarschafft.
S. Nunquid aliud vis?	S. Wolt ihr auch etwas mehr?
H. Eas accersitum uxorem cum filiis & filiabus.	H. Gehe hin und ruffe der Frauen mit den Söhnen und Töchtern.
S. Jam	S. Ißo

54 · Formulæ latinæ

S. Jam venturi sunt.
H. Suspende meum pileum de paxillo.
S. Quam cupis cerevisiam?
H. Nostratem domesticam. Adfer aquam lavandis manibus.
S. In promtu est.
H. Consecra mensam.
S. Oculi omnium, &c. Pater noster, &c. Domine Deus pater cœlestis, &c.
  Quæ nunc sumemus membris alimenta ca ducis.
  Hæc Deus imperio sint benedicta tuo.
  Matth. 4. Non solo pane vivit homo, sed omni verbo, quod egreditur de ore Domini.
  1. Tim. 4. Omnis creatura Dei bona est & nihil rejiciendum, quod cum gratiarum actione sumitur, sanctificatur enim per verbum & preces.

H. Discumbite omnes ordine. Mater accumbat in summo : juxta eam discumbant filia. Natu maxima filia proxima matrem sedeat. Natu maximus filius recipiat natu minorem infra se. Minimus à latere meo sedeat, ut cibum ipsi secem. Vi-

55 · loquendi.

S. Itzo werden sie kommen.
H. Henҫ meinen Hut an den Nagel.
S. Was wolt ihr vor Bier?
H. Unser Hauß-Bier. Bring Wasser die Hände zu waschen.
S. Es ist vorhanden.
H. Bete vor dem Tisch.
S. Aller Augen/rc. Vater Unser/rc. HErr Gott himmlischer Vater/rc.
  Was wir zur Nahrung nehmen hin/ Daß laß/O HERR/ gesegnet seyn.
  Matth. 4. Der Mensch lebet nicht vom Brod allein/ Sondern von einem iglichen Wort/ daß durch den Mund Gottes gehet.
  1. Tim. 4. Alle Creaturen Gottes ist gut/ und nichts verwerflich/ das mit Danck-sagung empfangen wird/ denn es wird geheiliget durch das Wort Gottes und Gebet.

H. Setzt euch ordentlich zu Tisch. Die Mutter sitze oben an/ neben ihr sitzen die Töchter. Die elteste Tochter zu nechst bey der Mutter. Der älteste Sohn nehme seinen jüngern Bruder unter sich. Der Kleineste sitze mir an der Seitt/ daß ich ihm die Speise vorschnidt.

56 · Formulæ latinæ

Video, vos male esse moratos. Accipite igitur mores in mensa servandos.

Sedete recti & quantum licet, laxè, ne vos comprimatis mutuo,
Ne incumbatis in mensam, quod pueri rustici factitare solent.
Primi ne estote esu, nec primi bibite.

Proxima vobis sumite, ne manducetis avide,
Nec nares fodite, nec caput scalpite.
Componite vos ad meos & aliorum mores.
Alios ne inspicite, attendite autem, quid quisque loquatur.
Non interrogati tacete : interrogati autem breviter, aperte, & perspicuè respondete.
In orbe ne moremini. Panem ne decortate.
Bibituri os tergete, non manu, sed strophiolo, aut mantili.

Quævis scindite cultello. Morsa ne retingatis, neque lingatis digitos.

57 · loquendi.

Ich sehe/ daß ihr euch nicht fein wisset zuhalten. Drum mercket die Sitten/ die man über Tisch muß in acht nehmen.
Sitzet recht auf und so viel müglich ist/ weit von einander/ daß ihr euch nicht dringet.
Lieget nicht auf dem Tisch/ welches die Baurs-knaben zu thun pflegen.
Seyd nicht die ersten mit Essen und trincket auch nicht zu erst.
Nehmet das nechste für euch/ Esset nit geitzig.
Grübelt auch nicht in der Nasen und kratzet das Häupt nicht.
Richtet euch nach mir und nach andern.
Gaffet andere nicht an/ habet aber acht darauf/ was ein jeder rede.
Wann ihr nicht gefraget werdet/ so schweiget still/ wann ihr aber gefraget werdet/ so antwortet kurtz/ laut und deutlich.
Seumet euch nicht auf dem Teller. Schelet das Brod nicht.
Wann ihr trincken wollet / so wischt den Mund nicht mit der Hand/ sondern mit dem Schnuptuch/ oder mit der Salvete.
Schneidet ein jedes mit dem Messer. Das Gebissene tuncket nicht wieder ein und lecket auch die Finger nicht.

Mathematische Probleme in Rätselform 10.6
Aus:
Anthologia veterum Latinorum epigrammaton et poëmaton, Amsterdam 1777

Uxor abit duplex. Redit una. Meat quoque duplex.
Una redit. Geminus vir abit. Redit uxor et unus.
Vir geminus vehitur. Redit una. Duaeque vehuntur.
Vir redit, et plena rate transmeat unus et una.

a)
Eine knifflige Geschichte

Lösungsvorschlag (ohne Vokabelhilfen; die fehlenden Informationen mußt Du aus dem Text entnehmen)

5 Tres mariti cum uxoribus suis peregrinantes obscura nocte ad fluvium veniunt.
Frustra quaeritur nauta; tandem occurrit navicula, quae duos modo continere homines potest. Cautela, ne umquam mulier cum uno vel duobus viris in navicula sit nisi praesente marito.

Aedificat centum graduum collectio scalas.
 In primo residet sola columba gradu,
post binae volucres, tres postea, quattuor inde.
 Centenos numerus ordinat iste gradus.
5 Consului summam! Cum quinquaginta columbis
 quinque columbarum milia summa tenet!

b)
Problema de columbis

10 · Lateinschulen in der Neuzeit

10.7 Ein Brief aus dem Jahre 1738

In diesem Brief berichtet ein verärgerter Vater, wie sein Sohn durch einen anderen Schüler gehänselt worden ist. Vielleicht, weil er sich mit dem Brief an die Vorsteher einer Lateinschule wendet, ist er bestrebt, möglichst viele lateinische Wörter in den Text zu fügen.
Versuche, den Text mit Hilfe von Kontext und Lateinkenntnissen zu entziffern:

... **W**eil aber der delinquent noch in annis puerilibus versiert, und poena ordinaria eben nicht mag appliziert werden, inzwischen doch solche herbe Boßheit, als eines ohnedem beschrienen zanksüchtigen und verwegenen Buben, muß gerochen, er dadurch vors künfftige emendiert und mir und meinem Sohn Satisfaction werden: So implorire und insistire, daß der petulante und grimmige certator in der Classe des H. Subconrectors öffentlich und in gegenwart eines abgeordneten von mir müßte bis auffs Blut gepeitschet hernach auch angehalten werden, dem Chyrurgo aber die cur(a) zu bezahlen...

10.8 Lateinischer Abituraufsatz 1866

Zu einem Abitur gehörte vor hundert Jahren auch ein lateinischer Aufsatz. In solchen Aufsätzen zeigten die Schreiber gern, was sie alles an lateinischer Grammatik konnten – daher lesen sich diese Arbeiten oft recht schwerfällig. Auch der Verfasser des folgenden Aufsatzes – von dem wir einen Ausschnitt bringen – hat möglichst viel Wissen in einen Satz gepackt – das war selbst seinem Lehrer zuviel, der an den Rand geschrieben hat: „Die Periode [≈ Satzbau] müßte einfacher sein."

Der Aufsatz bezieht sich auf den 2. Punischen Krieg (vgl. Kap. 1: „Hannibal..."). Das Zitat im Thema stammt von dem römischen Dichter *Ennius,* dessen Werk bis auf Fragmente verloren gegangen ist. Fabius Maximus hat als römischer Diktator das römische Heer so geschickt geführt, daß er eine Schlacht vermied, aber Hannibal ständig an die römische Armee und deren Operationen band. Die drei hier genannten Schlachten waren – in Verbindung mit der verheerenden Niederlage bei Cannae [216 v. Chr.] – Anlaß zu der Verzögerungstaktik.

Quo iure Ennius poeta de Fabio Maximo °dictatore dixerit:
„Unus homo nobis °cunctando restituit rem."

Bedenke, daß den komplizierten – aber sprachlich korrekten – Satz ein Schüler formuliert hat!

Bello Punico secundo, cum Hannibal Alpibus superatis Romanis in Italia ipsa bellum inferret summaque virtute tribus magnis pugnis apud Ticinum, apud Trebiam, apud °lacum Trasimenum commissis tantas °clades iis attulisset, ut iam totam Italiam °superiorem in manibus suis teneret neque multum abesset, quin Romae ipsi interitum minaretur, Romanis tantus terror °iniectus est, ut multi de reipublicae salute desperarent et vano rumore allato Hannibalem ante portas esse totam urbem summo °maerore atque luctu implerent.   10

5

Zeitzeugen berichten

Ansturm und Umbruch: Die Völkerwanderung

11.1

Durch die Invasion der Hunnen (375 n. Chr.) in die germanischen Gebiete wurden die germanischen Stämme nach Westen und Süden gedrängt und bedrängten nun ihrerseits das Römische Reich. Dieses geschichtliche Ereignis bezeichnet man im engeren Sinne als „Völkerwanderung". Die Germanen eroberten allmählich Provinz auf Provinz Westroms; teilweise wurden sie wohl unterstützt durch die besitzlosen Schichten der Landbevölkerung, die auf eine Neuverteilung des Landbesitzes hofften.
Salvianus, 400 bis 480, von germanischer Abstammung und aus Köln oder Trier gebürtig, Priester in Marseille, beschrieb diese Umbruchzeit. Vor allem sein Werk „De gubernatione Dei" läßt die Verelendung der Bevölkerung deutlich werden, die durch eine ungerechte Sozialstruktur schon vor der Völkerwanderung begonnen hatte, aber in den Wirren dieser Zeit noch zunahm. Als frommer Katholik sieht Salvianus den Grund für den Untergang des Weströmischen Reiches, den er erlebt hat, in dem allgemeinen Sittenverfall. Dabei zeigt seine Anteilnahme an den sozialen Unruhen, die die **Bacauden** in Frankreich verursacht haben, daß er auch mangelndes Sozialbewußtsein als Sittenverfall ansieht.
Die Bacauden waren eine Art Selbsthilfeorganisation der völlig verarmten Landbevölkerung. Offenbar enteigneten sie Großgrundbesitzer und ließen sie auf ihren eigenen Feldern arbeiten. Sie scheinen sogar eine Art eigene staatliche Organisation in den von ihnen beherrschten Landesteilen gehabt zu haben.

Salvianus Presbyter
Aus:
De gubernatione Dei

Nomen civium Romanorum – °aliquando non solum magno aestimatum, sed magno emptum – nunc ultro repudiatur et fugitur; nec inutile tantum, sed etiam abominabile paene habetur [...].
Et °hinc est, quod etiam hi, qui ad barbaros non confugiunt, barbari
5 tamen esse coguntur – scilicet ut est magna pars Hispanorum et non minima Gallorum, omnes denique, quos per universum Romanorum orbem fecit Romana iniquitas iam non esse Romanos.

**1
Schande des römischen Namens**
V 22/23

Nihil nobis de pace et prosperitate pristina reliquum est, nisi sola omnino crimina, quae prosperitatem *non* esse fecerunt. Ubi namque sunt antiquae Romanorum opes et dignitates? Fortissimi °quondam Romani erant: nunc sine viribus. Timebantur Romani veteres: nos time-
5 mus. Vectigalia illis solvebant populi barbarorum: nos vectigales barbaris sumus. Vendunt nobis hostes lucis usuram: tota °admodum salus nostra commercium est.
O infelicitates nostras! Ad quid devenimus!
Et pro hoc gratias barbaris agimus, a quibus nos ipsos comparamus. Quid

**2
Verlust des römischen Ansehens**
VI 98/99

11 · Zeitzeugen berichten

potest esse nobis vel abiectius vel miserius? Et vivere nos post ista credi- 10
mus, quibus vita sic constat […]!

3
Niedergang der Moral
VII 29

Sed tamen cum omnes fere barbarae gentes Romanorum sanguinem °biberint, omnes viscera nostra laceraverint, quid est, quod Deus noster maximas rei publicae opes et locupletissimos Romani nominis populos in ius potissimum ignavissimorum °quondam hostium dedit? […].

Si infirmitas id humana pateretur, exclamare super vires meas cuperem, 5
ut toto orbe resonarem:

Pudeat vos, Romani °ubique populi, pudeat vitae vestrae! Nullae paene urbes lustris, nullae omnino impuritatibus vacant – nisi illae tantum, in quibus barbari esse coeperunt.

Et miramur, si miseri, qui tam impuri sumus! Miramur, si ab hoste viri- 10
bus vincimur, qui honestate superamur! Miramur, si bona nostra possident, qui mala nostra execrantur!

Nec illos naturale °robur corporum facit vincere, nec nos naturae infirmitas vinci. Nemo sibi aliud persuadeat, nemo aliud arbitretur: Sola nos nostrorum vitia vicerunt. 15

4
Versagen der sozialen Ordnung
VI 24/25

De Bacaudis nunc mihi sermo est, qui – per malos iudices spoliati, afflicti, °necati –, postquam ius Romanae libertatis amiserant, etiam honorem Romani nominis perdiderunt. Et imputatur his infelicitas sua, imputamus his nomen calamitatis suae, imputamus nomen, quod ipsi fecimus! Vocamus rebelles, vocamus perditos, quos esse compulimus cri- 5
minosos!

Quibus enim aliis rebus Bacaudae facti sunt, nisi iniquitatibus nostris, nisi improbitatibus iudicum […]?

Coacti sunt vitam saltim defendere, quia se iam libertatem videbant penitus perdidisse. 10

Aut quid aliud etiam nunc agitur, quam °tunc actum est, id est, ut, qui °adhuc Bacaudae non sunt, esse coguntur?

▶ Palast des Ostgotenkönigs Theoderich in Ravenna. Mosaik aus der von Theoderich erbauten Kirche S. Apollinare Nuovo (6. Jh.). Der Königspalast ist Symbol der neuen Macht der Germanenvölker, die nach dem Fall Roms Europa beherrschten.

Auf diplomatischer Mission in Konstantinopel 11.2

Liutprandus von Cremona war seit 961 Bischof von Cremona (Norditalien); er beschrieb in anschaulicher Weise italienische, deutsche und byzantinische Zustände seiner Zeit. Der vorliegende Text erzählt von einem Besuch Konstantinopels, über den der Autor dem deutschen Kaiser berichtet. Der Stil des Autors ist eigenwillig; in seiner Darstellung liebt er starke Ausmalungen, die zuweilen bis zum Extrem gesteigert sind.

Der byzantinische Kaiser vertrat den Standpunkt, er sei der einzige legitime Kaiser in Europa; mithin betrachtete er das allmähliche Erstarken einer westeuropäischen Kaisermacht unter deutscher Leitung mit Feindseligkeit. Diese Einstellung zeigt auch der vorliegende Textabschnitt. Der damals herrschende Kaiser war *Otto I., der Große,* der von 936 bis 973 regierte. Unter seiner Regierung erlebte das Kaisertum des Westens einen bedeutenden Machtgewinn.

Der Kaiser des Byzantinischen Reiches war *Nikephóros II.,* ein General, der sich gegen unfähige Kaiser durchgesetzt und so die Kaisermacht errungen hatte. Auch er war als Herrscher nicht unbedeutend (ermordet 969).

Liutprandus: Legatio ad Nicephorum Phocam
(auch: *Legatio Constantinopolitana*)

→ Abb. S. 45

OTTONES ROMANORUM INVICTISSIMOS IMPERATORES AUGUSTOS ADELHEIDAM GLORIOSISSIMAM IMPERATRICEM AUGUSTAM LIUTPRANDUS SANCTAE CREMONENSIS ECCLESIAE EPISCOPUS SEMPER VALERE, PROSPERARI, TRIUMPHARE
5 ANHELAT, DESIDERAT, OPTAT

Quid causae fuerit, quod prius litteras sive nuntium meum non susceperitis, ratio subsequens declarabit.

°Pridie Nonas Iunii Constantinopolim venimus: et ad contumeliam vestram turpiter suscepti, graviter turpiterque sumus tractati. Palatio
10 quidem satis magno et °aperto, quod nec frigus arceret, sicut nec calorem repelleret, inclusi sumus! Armati milites appositi sunt „custodes", qui meis omnibus exitium, ceteris prohiberent ingressum. [...]

Accessit ad calamitatem nostram, quod Graecorum °vinum ob picis, taedae et gypsi commixtionem nobis impotabile fuit.

15 Domus ipsa erat inaquosa! Nec °sitim saltem aquā exstinguere quivimus, quam data pecunia emeremus. [...] Huic magno „vae! vae!" aliud appositum est: homo custos, qui cottidianos sumptus praeberet – cui, simile si requiras: non terra, sed infernus forsitan dabit! Is enim quidquid calamitatis, quidquid rapinae, quidquid dispendii, quidquid luctus, quidquid
20 °miseriae excogitare potuit, °quasi torrens inundans in nos effudit. [...]

°Pridie Nonas Iunii, ut superius scripsimus, Constantinopolim ante portam Auream venimus et usque ad undecimam horam cum equis (non modica pluvia) exspectavimus. [...] Undecima vero hora Nicephorus nos venire iussit et usque in praefatam domum (marmoream, invisam,
25 inaquosam, patulam) sumus deducti. [...] Octavo autem [die] ante fratris

11 · Zeitzeugen berichten

basiléa, rêga	eius praesentiam sum deductus, ubi de Imperiali Vestro Nomine magna sumus contentione °fatigati: Ipse enim Vos non imperatorem (id est βασιλέα sua lingua), sed ob indignationem ῥῆγα (id est regem nostra) vocabat! [...]

Die Gesandtschaft aus Westeuropa wird endlich dem byzantinischen Kaiser vorgestellt. Auch bei dieser Gelegenheit wird deutlich, daß Nikephóros seinen „Mitkaiser" Otto I. nicht anerkennt.
Die Audienz wird recht unvermittelt unterbrochen:

proéleusis, Akk.-in	„Secunda", inquit Nicephorus, „hora iam transiit: προέλευσις (id est processio) nobis est celebranda. Quod nunc instat, agamus! Contra haec, cum opportunum fuerit, respondebimus."
▲ (S. 118) Das Innere der „Hagia Sophia (Heilige Sophia)", des bedeutendsten Bauwerks der byzantinischen Kunst, erbaut 532–537 unter Kaiser Justinian; nach dem Fall Konstantinopels 1453 Moschee, seit 1934 Museum.	Non pigeat me προέλευσιν describere et dominos meos audire: Negotiatorum multitudo °copiosa ignobiliumque personarum ea sollemnitate collecta ad susceptionem et laudem Nicephori a palatio usque ad Sanctam Sophiam °quasi pro muris viae margines tenuit – clipeolis tenuibus et spiculis vilibus dedecorata! Accessit ad dedecoris huius augmentum, quod vulgi ipsius potior pars nudis processerat pedibus! Credo sic eos putasse sanctam ipsam potius exornare προέλευσιν! Sed et °optimates sui, qui cum ipso per °plebeiam et „discalceatam" multitudinem ipsam transierunt, magnis et nimia vetustate rimatis tunicis erant induti. Satis

Line numbers: 30, 35, 40

decentius cottidiana veste procederent! – Nemo ibi auro, nemo gemmis ornatus erat, nisi ipse solus Nicephorus [...] – quem Imperialia ornamenta (ad maiores personas sumpta et composita) foediorem reddiderant. [...] Ductus ergo ad προέλευσιν ipsam in eminentiori loco iuxta ψάλτας (id est °cantatores) sum constitutus.

psáltas

Cumque – °quasi reptans! – monstrum illud procederet, clamabant adulatores ‚psaltae':

„Ecce! Venit stella matutina! Surgit Eos! Reverberat obtutu solis radios! Pallida Saracenorum mors: Nicephorus μέδων (id est princeps)!" Unde et cantabatur: „Μέδοντι (id est: principi) Nicephoro πολλὰ ἔτη (id est: plures anni principi sint)! Gentes, hunc adorate! Hunc colite! Huic tanto colla subdite!"

médōn, médonti pollá, étē

Igitur falsidicis illis inflatus naeniis Sanctam Sophiam ingreditur – imperatoribus suis se sequentibus et in pacis osculo ad terram usque adorantibus.

Die Schilderung zeigt, daß der Verfasser eine solche Zurschaustellung einer kaiserlichen Macht nicht kennt. Durchschaut er dabei, daß die kaiserliche Pracht durch die unscheinbare Umgebung betont werden soll?
Vergleiche – falls der entsprechende Text gelesen worden ist – das Auftreten des Byzantiners mit dem Friedrich Barbarossas (z. B. vor Mailand).
Überlege, wo sich die byzantinische Methode der Herrscherverehrung in unsere Zeit hinein verfolgen läßt.

Zur Texterschließung

◀ *Christus als „Pantokrator" (Weltherrscher) zwischen dem Kaiserpaar Konstantin IX. Monomáchos und Zoé. Mosaik in der Südgalerie der Hagia Sophia, um 1030.*

11.3 Beim Sultan in Istanbul

Ogier Ghiselin de Busbecq
Aus: *Epistola prima*

De Busbecq wurde 1522 geboren (in Flandern); er trat in die Dienste des deutschen Kaisers, *Karls V.* (1519–1556), von dem er auf verschiedene wichtige Auslandsreisen geschickt worden ist. Eine besonders schwierige diplomatische Mission hatte er in Istanbul zu lösen; im Jahre 1554 trat er die Reise dorthin an. Seine Aufgabe bestand darin, zwischen der türkischen *Hohen Pforte* (bis 1924 Bezeichnung für den Hof und Palast des Sultans, auch für die osmanische Regierung) und dem Kaiser zu vermitteln.

▶ Der Großwesir Sokollu Mehmed Paşa und weitere Weise huldigen Sultan Selim II. Buchminiatur um 1575, aus Istanbul. London, British Library

Die Streitpunkte zwischen dem Osmanischen Reich und dem Kaiser hatten sich seit dem Fall Konstantinopels entwickelt. 1453 war die Stadt in türkische Hände gefallen; die westlichen Staaten hatten tatenlos dabei zugesehen. Von Konstantinopel (jetzt Istanbul) aus stießen die Türken nach Südosteuropa vor und eroberten Bulgarien und Ungarn. Wien war bedroht (Belagerung 1529). Die Verhandlungen selbst verliefen recht freundlich; und es gelang nach mühsamen und beschwerlichen Reisen de Busbecq tatsächlich, vorübergehend eine bessere Atmosphäre zwischen den verfeindeten Regierungen zu schaffen.
Erst 1683 wurden die Türken vor Wien geschlagen und allmählich aus Südosteuropa zurückgedrängt.

Constantinopolim veni ad diem XX Ianuarii; [...] eo tempore aberat cum exercitu Turcarum princeps in Asia; nec erat quisquam relictus Constantinopoli praeter Ebrahimum Bassam Eunuchum, qui urbi praeesset. Quem nos officiose invisimus, salutavimus et donis honestavimus. [...] Nuntius cum litteris de meo adventu ad Suleimannum [principem] mittitur. 5

°Interim vero dum responsum exspectatur, urbis Constantinopolis per otium inspiciendae facultas fuit. Imprimis Divae Sophiae templum adire placuit – quo tamen non nisi singulari beneficio sum admissus: Turcae sua templa prophanari credunt, si quis Christianus ingrediatur. Est ea 10 sane moles °magnifica et digna, quae spectetur! – maximo cum fornice sive hemisphaerio in medio, quod a solo impluvio °lumen habet. Ad huius templi formam omnia fere Turcarum templa sunt constructa. [...]

15 Iam ad ipsius urbis situm quod attinet: videtur urbi °dominaturae facta a natura sedes! Est in Europa, habet in conspectu Asiam, Aegyptum, Africam [...], quae tametsi contiguae non sunt, maris tamen °navigandique commoditate velut iunguntur. [...] Igitur e media Contantinopoli iucundissimus est in mare albentemque perpetuis nivibus Olympum Asiae prospectus. – Mare: °piscibus omni ex parte refertissimum! [...]

20 Aedificiorum elegantiam in urbibus Turcarum °frustra requiras, ut etiam platearum, quippe angustiores viae amoenitatem omnem excludunt. Sunt multis in locis non contemnendae veterum monumentorum reliquiae: Erat veteris hippodromi area, ubi gemini serpentes aënei visuntur. Est ibidem insignis obeliscus; item duo visuntur Constantinopoli memo-
25 rabiles columnae. Columna, quae sita est ex adverso diversorii, in quo Caesareos oratores hospitari mos est, ea tota praeter basim et epistylium constat octo °lapidibus solidis porphyreticis – ita coniunctis, ut unum saxum videatur. Quemadmodum etiam vulgo creditur. Nam ubi lapis lapidi committitur, sertum prominet laureatum, quod integram ambit
30 columnam. Ea columna crebris terrae motibus °concussa et °vicino incendio ustulata multis locis agit rimas, et, ne desiliat, crebris circulis ferreis revincitur.

Nach Erledigung der diplomatischen Aufgaben verläßt der Gesandte die Stadt; gleich am Anfang der Reise hat er ein bedrückendes Erlebnis, das ihm zeigt, wie schwierig trotz aller Friedensbemühungen die politische Lage nach wie vor ist:

▼ Ansicht des Hippodroms mit Obelisken und Schlangensäule und der Hagia Sophia in Istanbul. Zeichnung eines Unbekannten von 1574

11 · Zeitzeugen berichten

Egresso [mihi] Constantinopoli statim occurrerunt plaustra puerorum puellarumque, quae ex Hungaria Constantinopolim venales ducebantur. [...] Nobis subinde obviam fiebant omne genus misera mancipia Christiana, quae in diram servitutem abducebantur: iuvenes provectiorisque aetatis homines gregatim agebantur aut ita catena illigati, quemadmodum apud nos venales equi longo ordine trahebantur. [...] Quae cum viderem, vix lacrimas tenebam et infelicem populi Christiani condicionem miserabar. [...]

35

40

Z
Die Türken vor Wien – ein Erinnerungsmal

HAEC STATUA
PRIMITUS
POSITA FUIT
OB LIBERATAM
OBSIDIONE
VIENAM CAESIS
FUGATISQUE
TURCIS
DUODECIMA
MENSIS
SEPTEMBRIS

DEIPARAE
VIRGINI
CHRISTIANORVM
AVXILIO

SVBINDE
ELAPSIS CENTENIS
BINISQVE AÑIS
RENOVATA FVIT
AB ALIQVO
MARIOPHILO

Die Türken belagerten Wien 1529 und 1683. Die letzte Belagerung war zugleich die schlimmste; nur durch Hilfe anderer christlicher Heere (vor allem der Polen) wurde die Stadt schließlich befreit. Dieser Sieg wurde als Befreiung aus einer schrecklichen Not gefeiert.
Der hier abgebildete Stein steht auf einem Platz in Klagenfurt/Österreich zur Erinnerung an den Abzug der Türken.

Übersetze den Text auf dem oberen Teil des Steines; der Text enthält zugleich die Angabe über die Jahreszahl seiner Abfassung – allerdings versteckt. Kannst Du das Jahr herausfinden? Auch die Renovierung ist zeitlich einzuordnen; dazu mußt Du den unteren Teil der Aufschrift übersetzen.

Ritterturnier · 11

◀ „Hastiludia, choree et festa Pysis longo tempore (Speerspiele, Tänze und Feste in Pisa lange Zeit)". Aus der Bilderchronik „Kaiser Heinrichs Romfahrt" (s. Kap. 5), um 1340.

Ein Ritterturnier Kaiser Maximilians 11.4

Bernard Witte (Wittius) war Benediktinermönch in Liesborn in Westfalen. Sein Geschichtswerk „Historia antiquae occidentalis Saxoniae seu nunc Westphaliae" ist eine Chronik, die – viel weiter ausholend, als der Titel vermuten läßt – mit der biblischen Geschichte beginnt und bis zum Jahre 1520 fortgeführt wird. Das Buch dient als Quelle für viele Berichte aus dem Mittelalter, die in ihm aufbewahrt sind (→ Kapitel 12, Texte 12.2.1, 12.2.3).

Maximilian, römischer deutscher Kaiser (1459 bis 1519), belebte noch einmal die ritterlichen Kampfspiele, obwohl das Rittertum selbst längst seine ursprüngliche Bedeutung verloren hatte. So fand der hier geschilderte Ritterwettkampf auch nicht auf einer Burg, sondern in einer der aufblühenden Bürgerstädte (Augsburg) statt. Hier traf sich der immer noch prächtige Ritteradel mit dem aufstrebenden Bürgertum; die Prachtentfaltung hat den Benediktiner Witte, der hier als Augenzeuge berichtet, sehr beeindruckt; das wird vor allem bei der Schilderung des Kaisers deutlich – sie fordert zu einem Vergleich mit der Beschreibung des byzantinischen Hofes durch Liutprandus heraus. Ausgeschlossen von der Pracht war der Bauernstand, der 15 Jahre nach diesem Turnier durch den großen Bauernaufstand die besitzenden Schichten, vor allem die Grundbesitzer, ernsthaft bedrohte.

Wittius
Aus:
Historia ... Westphaliae
(Münster 1778), mit Kürzungen

Anno natalis Christi 1510 plures Italiae, Germaniae et Galliae principes a Divo Maximiliano, Romanorum Imperatore, in oppidum Augustam Vindelicorum arcessiti sunt. Imperator sollerti ingenio summaque °industria circum quendam Augustae iussit aedificari.

5 Hoc facto magnanimus Imperator nobiles adulescentulos ad hasticam pugnam pretiis °invitavit, ut primas suas pugnas in circo exercerent. Adulescentuli – nimbo similes – effusi sunt et subito clamore adhortabantur equos. Reductis inde manibus hastas longius protendebant; quibus

innixi maximo sonitu pectoribus suis pectora °opposuerunt – °adeo, ut
multi equis suis excuterentur. Nemo tamen laesus est. 10

Tandem invictissimus Caesar, quem milites °undique sequebantur nobilium virorum caterva comitante °placido sensim et pompatico gradu venit in medium – non panno serico, non purpura, non croceo aut aureo vesti circumdatus, sed carbunculis, saphiris, omni denique gemmarum genere adeo decoratus, ut nec Caesaris nec equi pedes, cui Caesar insidebat, sine pretiosis °lapidibus cernebantur! 15

Clarissimus Saxoniae dux Fredericus Caesari comes ibat. Maximo cum apparatu ter quaterque per circum totum equitabant; postremo manibus in caelum datis et vocibus in caelum missis uterque se certamini accinxit et °subito comes hastam Caesaris arripere conatus est. Tum vero 20 invictissimus Caesar hastam arripuit et summa vi in clipeum ducis intorsit, quem uno ictu equo excussisset, nisi amici ducis advolavissent et insidentem equo manibus tenuissent.

Invictus Caesar ut semper et hoc ludo triumphalem gloriam et infinitam laudis immortalitatem reportavit! 25

In cuius Caesaris laudem ego sequens ogdoastychon inserui:
Si repetam, lector, cunctos ab origine festos,
   nemo hoc, crede mihi, Caesare maior erit.

11.5 In einem deutschen Hotel um 1530

Erasmus von Rotterdam
Aus:
Familiarum colloquiorum libri,
Köln 1546

Erasmus von Rotterdam, 1466 (oder 1469) bis 1536, war einer der führenden Gelehrten seiner Zeit; vor allem seine Kenntnisse in der römischen und griechischen Literatur wurden mit Recht bewundert. Erasmus, der in vielen Ländern Europas gelebt hat, erstrebte ein Christentum, das tolerant war, so wie die antiken Philosophen vom Menschen Toleranz gefordert hatten. Er blieb so der Reformation, die ja in seine Lebenszeit fällt, fern, weil sie seinem Toleranzdenken nicht entsprach.
Erasmus war nicht nur Gelehrter, sondern auch ein scharfsinniger Beobachter und witziger Schriftsteller. Seine Betrachtungen über das Hotelwesen in Deutschland sind dafür ein lesenswertes Beispiel.
Ob das deutsche Hotelwesen grundsätzlich so unwirtlich war, wie Erasmus schreibt, ist nicht mehr festzustellen. Doch gibt es Reiseberichte, die ihn bestätigen. So schreibt noch 200 Jahre später der Franzose *Lédiard* über eine Reise durch Westfalen und Niedersachsen (die Reisegesellschaft findet kein Hotel, aber ein Notquartier in einem westfälischen Dorf): „*Die üblen Ausdünstungen […] fielen uns beschwerlich, und so standen wir wieder auf, weil wir aber weder Tisch noch Stuhl sahen, so machten wir unsere Koffer zu Stühlen und den Reisekorb zum Tisch. […] Als wir uns niederlegten, so wiederkäuten die Kühe auf der einen Seite, und die Schweine grunzten auf der andern […].*" (Lédiard, *Reisen durch Westfalen und Niedersachsen,* deutsch, Lemgo 1764)

◄ Porträt des Erasmus von Rotterdam, von Albrecht Dürer (1526)

Dialogus

Erasmus: „Quod ego vidi, narrabo: °Advenientem nemo salutat, ne videantur ambire hospitem. Id enim °sordidum et abiectum existimant et indignum Germanica severitate. Ubi diu clamaveris, °tandem aliquis per fenestram aestuarii (nam in his degunt fere ad solstitium aestivum) pro-
5 fert caput – non aliter atque e testa °prospicit testudo. Is rogandus est, an liceat illic diversari. Si non renuit, intelligis dari locum. Rogantibus, ubi sit stabulum, mota manu demonstrat. °Illic licet tibi equum tuum tractare – tuo more: nullus enim famulus manum admovet. Si °celebrius est diversorium, ibi famulus commonstrat stabulum atque etiam locum
10 equo minime commodum. Nam commodiora servant venturis °praesertim nobilibus. Si quid causeris, statim audis: Si non placet, quaere aliud diversorium!

Fenum in urbibus °aegre et perparce praebent, nec multo minoris vendunt quam ipsam avenam. – Ubi consultum est equo, totus commigras in
15 hypocaustum cum ocreis, sarcinis, luto – id est unum omnibus commune!"

Amicus: „Apud Gallos °designant cubicula, [...] ubi quiescant, si °libeat [...]."

Erasmus: „Hic nihil tale. In hypocausto exuis ocreas, °induis calceos;
20 mutas, si voles, indusium; vestes pluvia madidas suspendis iuxta hypocaustum, ipse te admoves, ut sicceris. Est et aqua parata, si °libeat lavare manus, [...] sed ita munda °plerumque, ut tibi postea alia quaerenda sit

aqua, qua lotionem eam abluas. Quodsi tu appuleris ad horam a °meridie quartam, non cenabis tamen ante nonam, °nonnunquam et decimam. Nihil adparant, nisi videant omnes –: ut eadem opera ministretur omnibus. 25

[...] Saepe in idem hypocaustum conveniunt octoginta aut nonaginta pedites, equites, negotiatores, °nautae, aurigae, agricolae, pueri, feminae, °sani, aegroti. Alius ibi pectit caput, alius abstergit sudorem, alius repurgat perones aut ocreas, alius eructat allium. Quid multis? Ibi linguarum 30 et personarum non minor est confusio quam °olim in turri Babel. Quodsi quem conspexerint peregrinae gentis, qui cultum dignitatis nonnihil prae se fert, in hunc intenti sunt omnes defixis oculis – contemplantes, °quasi novum aliquod animantis genus adductum sit ex Africa; °adeo ut, postquam accubuerint, reflexo in tergum vultu continenter adspiciant 35 nec dimoveant oculos cibi immemores.

°Nefas est °interim tibi quicquam petere. Ubi iam multa est vespera nec sperantur plures adventuri, prodit famulus senex, barba cana, tonso capite, °sordido vestitu. Is circumactis oculis °tacitus dinumerat, °quot sint in hypocausto; quo plures adesse videt, hoc vehementius °adcenditur 40 hypocaustum, etiam si alioqui sol aestu sit molestus. Haec apud illos praecipua est pars novae tractationis, si sudore diffluant omnes. Si quis – non adsuetus vapori – aperiat rimam fenestrae, ne praefocetur, protinus audit: ‚Claude!‘ Si respondeas: ‚Non fero!‘, audis: ‚Quaere igitur aliud diversorium!‘" 45

Amicus: „Atque mihi nihil videtur periculosius quam tam multos °haurire eundem vaporem. [...] Iam enim omitto ructus alliatos et ventris flatum, halitus putres; multi sunt, qui morbis occultis laborent, nec ullus morbus non habet suum contagium. Certe plerique habent Scabiem Hispanicam, sive ut quidam vocant, Gallicam, cum sit omnium natio- 50 num communis. Ab his opinor non multo minus esse periculi quam a leprosis."

Erasmus: „Sunt viri fortes! Ista rident et neglegunt. [...] Sed audi cetera: Post redit ille barbatus ‚Ganymedes‘ ac linteis insternit °mensas, °quot putat esse °satis illi numero. [...] Iam, quibus est notus mos patrius, 55 accumbunt, ubi cuique libitum fuerit. Nullum enim °discrimen inter pauperem et divitem, inter herum et famulum. Postquam accubuerunt omnes, rursus prodit torvus ille Ganymedes, ac denuo dinumerat suam sodalitatem; °mox reversus apponit singulis pinacium ligneum et cochleare (ex eodem ‚argento‘ factum), deinde cyathum vitreum, aliquanto 60 post °panem. [...] Tandem apponitur °vinum. Deus bone! [...] Non aliud oportebat °bibere Sophistas: tanta est subtilitas et acrimonia. Quodsi quis hospes (etiam oblata privatim pecunia) roget, ut aliunde paretur

aliud vini genus, primum dissimulant, sed eo vultu °quasi interfecturi. Si
urgeas, respondent: ‚Hic diversati sunt °tot comites et marchiones!
Neque quisquam questus est de vino meo! Si non placet, quaere tibi aliud
diversorium!' (Solos enim nobiles suae gentis habent pro hominibus et
horum insignia °numquam non ostentant.) Iam igitur habent offam,
quam obiciant latranti stomacho, °mox magna pompa veniunt disci.

Primus °ferme habet offas °panis madefactas iure °carnium aut, si dies est
pisculentus, iure leguminum. Deinde aliud ius; post aliquid °carnium
recoctarum aut salsamentorum recalfactorum. Rursus pultis aliquid,
mox aliquid solidioris cibi, donec probe domito stomacho apponant car-
nes assas aut °pisces elixos, quos non possis omnino non contemnere –
sed parci sunt et °subito tolluntur. [...]

°Mox adfertur vinum aliquod generosius. Amant autem eos, qui °bibunt
°largius, cum nihilo plus solvat ille, qui °plurimum °hauserit vini quam
qui minimum. [...] Dictu mirum, quis sit ibi strepitus ac vocum tumultus,
postquam omnes coeperunt incalescere potu! Quid multis? Surda
omnia.

Admiscent se frequenter ficti moriones, quo genere hominum (cum nullum sit magis detestandum) tamen vix credas, quantopere delectentur
Germani! Illi cantu, garritu, clamore, saltatione, pulsu faciunt, ut hypocaustum videatur corriturum – neque quisquam alterum audiat loquen-
tem. At °interea videntur sibi suaviter vivere, atque illic sedendum est
volenti, nolenti usque ad multam noctem. [...]

Tandem sublato caseo (qui vix illis placet nisi putris et vermibus scatens)
prodit ille barbatus, adferens secum pinacium escarium, in quo creta pin-
xit °aliquot circulos atque semicirculos. Id deponit in °mensa °tacitus
°interim et tristis: Charontem quempiam diceres. Qui agnoscunt pictu-
ram, deponunt pecuniam. [...] °Deinde [...]
computat °tacitus; si nihil desit, annuit capite.
[...] Quodsi quis ex itinere lassus cupiat °mox
a °cena petere °lectum, iubetur exspectare,
donec ceteri quoque eant °cubitum. °Tum suus
cuique nidus ostenditur – et vere nihil aliud
atque cubiculum. Tantum enim ibi lecti sunt,
°praeterea nihil, quo utaris aut fruaris. Lintea
– forte lauta ante menses sex!"

Amicus: „Sed est eadem ubique tractatio?"

Erasmus: „Alicubi civilior est, alicubi durior
quam narravi. Verum in genere talis est."

▼ „[...] prodit
famulus senex,
barba cana, tonso
capite, sordido
vestitu. Is circum-
actis oculis taci-
tus dinumerat,
quot sint in hypo-
causto [...]".
(Z. 38; Schüler-
zeichnung)

12 Anhang: Kurztexte zur Übung des Textverstehens

12.0 Was begegnet dem, der literarische Texte liest?

Dieses Kapitel will Dich im Rahmen dieses *Lese*buches auf einige wichtige Gesichtspunkte hinweisen, die für das Erfassen von Texten gleich bedeutsam sind wie die Kenntnis der Grammatik und des Vokabulars.
Latein ist eine Sprache wie jede andere. Wer spricht oder schreibt, will etwas mitteilen oder in ein Gespräch mit jemand eintreten. Der Sprecher *will* etwas *Sinn*volles äußern, der Hörer *erwartet* eine sinnvolle Äußerung. Das Verstehen einer Äußerung ist also in *erster Linie* von einer logischen Abfolge sinnvoller Einheiten abhängig. Darauf kann man auch beim *Lesen* lateinischer Texte vertrauen.
Worauf ist beim Verstehen (nicht nur) lateinischer Texte zu achten?

Thema-Rhema

1. Geschriebene Texte werden in aller Regel erst dann verfaßt, wenn der Verfasser den Ausgang des Textthemas kennt. Das bedeutet, daß er die Einzelereignisse, aus denen z. B. eine Geschichte besteht, so auswählt, daß der Leser sich aus den Einzelbausteinen den Gesamtzusammenhang leicht herstellen kann: So muß jede Einzelaussage (jedes *„Rhema"*) in einer Beziehung zum Gesamtthema stehen *(„Thema")*. Logischerweise nimmt so auch jeder Satz auf den Vor-Satz Bezug (eben auf die Aussage zum *„Thema"*, die dieser gebracht hat), bringt aber auch eine neue Information *(„Rhema")*, die die Handlung vorantreibt oder der Vertiefung oder Ausschmückung dient.
Diese *Thema-Rhema-Beziehung* ist ein wichtiges Hilfsmittel zum Textverständnis; das wird an einigen der folgenden Texte deutlich gemacht.

Sprachtechnik

2. Jeder Autor will in seinem Text bestimmte Teile hervorheben, um sie dem Leser besonders eindringlich darzustellen. In solchen Fällen greift er zu bestimmten Mitteln der *Sprachtechnik*. Oft benutzt er zu diesem Zweck eine *grammatisch schwierigere Sprache,* ungewohnte Wörter oder Wortkombinationen, aber es gibt noch andere, elegantere Mittel: Sie sind als sogenannte *„Stilfiguren"* bekannt. Gerade da, wo die Aussage dicht, wichtig ist, verwenden viele Autoren, die ihre Sprache bewußt einsetzen, kunstvolle Stilfiguren. Zur Verwendung solcher Figuren findest Du in diesem Kapitel stellvertretend für viele Möglichkeiten einige Beispiele. Kunstvolle Stilfiguren als Selbstzweck, ohne Aussageschwerpunkt, führen zu überladenen, oft nichtssagenden Texten, zur bloßen „Artistik". Auch sie sollst Du an zwei Beispielen kennenlernen.

3. Umgekehrt wird ein Autor, der seinem Leser eine rasche Erfassung seines Textes ermöglichen will, entsprechend formulieren: Einfache Satzmuster, eindeutige Hervorhebung der neuen Informationen (= *Rhema*) z. B. durch markante Wörter; dies wird besonders an der Textgruppe 12.2 deutlich.

4. Jemand, der einen Text verfaßt, verfolgt mit ihm eine besondere Absicht, eine *Intention*. Auch sie spielt bei der Auswahl und Darstellung dessen, was erzählt werden soll, eine wichtige Rolle: Was zur Intention nicht paßt, kann man ändern oder fortlassen, man kann es durch Sprachtechnik hervorheben oder zurückdrängen – wenn es sich nicht gerade um einen Sachtext handelt. Sachtexte sind „expositorisch": Ihre Aussage ist gewissermaßen „ausgestellt" (exponere); sie muß nachprüfbar sein; sie haben die Intention, Wirkliches möglichst klar darzustellen.
Aber die Vorstellung von dem, was wirklich ist oder sein kann, ändert sich. Gerade in lateinischen Texten, die in der Regel aus – teils weit – zurückliegenden Jahrhunderten stammen, müssen wir z. B. damit rechnen, daß der Autor etwa die Begegnung mit einem Gespenst für so genauso wirklich hält wie wir eine Autofahrt.

Autorintention

5. Texte werden mit unterschiedlichen Anforderungen an den Leser verfaßt; der Autor setzt einen *„Erwartungshorizont" des Lesers* voraus und schafft ihn sich auch mit jedem Satz seines Textes (s. Pkt. 2 und 4). Doch muß man immer bedenken, daß Autoren
– ihre Leser bewußt in eine bestimmte Richtung lenken wollen (Pkt. 4);
– sich irren können;
– andere Wissensvoraussetzungen besitzen als z. B. Leser späterer Zeiten.
Von einem Sachtext etwa erwartet ein Leser eine sachliche Information. Man kommt nicht immer auf den Gedanken, die Sachinformation zu überprüfen. Das Beispiel von der Perle der Kleopatra, das in manche Geschichtsbücher ungeprüft übernommen ist *(Text 12.8),* soll Dir zeigen, daß auch eine Textnachricht grundsätzlich überprüft werden sollte.

Lesererwartung

Zur Veranschaulichung dieser Gesichtspunkte der Texterschließung (und zu einigen weiteren) findest Du in diesem Kapitel Texte, die nach den gleichen Gesichtspunkten ausgewählt wurden wie die übrigen Texte dieses Lesebuches; sie stehen auch jeweils in einem inhaltlichen Zusammenhang mit den vorherigen Kapiteln.

Thema-Rhema-Folge I 12.1

Vokabel- und Grammatikkenntnisse sind die grundlegende Voraussetzung für die Übersetzung. So setzt z. B. der folgende Text genaue Kenntnis der Verwendung der Partizipien voraus. Curtius Rufus will seinen Leser *zur Aufmerksamkeit zwingen,* denn die Geschichte kann er bei *seiner* Leserschaft als bekannt voraussetzen. Er bemüht sich also um eine konzentrierte Darstellung, die die wesentlichen Elemente des Geschehens „verdichtet". Der Text wird so „grammatisch schwieriger".
Die „grammatische Form" eines Textes bildet aber nur seine Oberfläche. Ob man einen Text „richtig versteht", muß durch den **Textsinn** kontrolliert werden. Der Textsinn ist sowohl Übersetzungshilfe als auch Übersetzungskontrolle; daher ist es wichtig, auf die *Thema-Rhema-Beziehungen* der Sätze eines Textes zu achten:

12 · Anhang: Kurztexte

Innerhalb eines Textes oder Textabschnittes sind die Sätze nach einem festen Verknüpfungssystem untereinander verbunden. Jeder Satz nimmt Bezug auf den *Gesamtsinn des Textes* und meist auch auf die Aussage des Satzes vor ihm: das *Thema* (bekannte Information). Jeder Satz besitzt aber auch eine eigene neue Aussage, sein *Rhema*. Die Thema-Rhema-Folge ist in Texten, die der Sprachnorm folgen, logisch.

Der gordische Knoten
Curtius Rufus, III 2
Kontext:
Alexander hat die Stadt Gordion erobert.

Alexander *urbe in dicionem suam redactā* Iovis templum °intrat. *Vehiculum,* quo Gordium, Midae patrem, vectum esse constabat, *aspexit* °cultu °haud °sane a vilioribus vulgatisque usu abhorrens. *Notabile erat iugum* adstrictum compluribus nodis in semetipsos inplicatis et °celantibus nexus. Incolis deinde °adfirmantibus editam esse °oraculo sortem 5 [eum] Asiae potiturum [esse]; *qui inexplicabile vinculum solvisset,* °cupido °incessit animo [Alexandri] *sortis eius* explendae. °*Circa regem* erat et Phrygum turba et Macedonum, *illa exspectatione suspensa, haec sollicita ex temeraria regis fiducia:* quippe serie vinculorum ita adstricta, ut, unde nexus inciperet quove se conderet, nec ratione nec visu perspici 10 posset, solvere adgressus iniecerat curam ei, ne in °omen verteretur inritum inceptum. *Ille nequaquam diu luctatus cum latentibus nodis:* „Nihil", inquit, „interest, quomodo solvantur", gladioque *ruptis omnibus loris* oraculi sortem vel elusit vel implevit.

▲ Porträt (Marmor) Alexanders d. Gr. Römische Kopie des berühmten Alexanderporträts des griechischen Bildhauers Lysippos. Paris, Louvre

Die *Thema*-Beziehungen der *Sätze untereinander* sind *kursiv* gedruckt. Beschreibe diese Beziehungen: Wie knüpfen die Aussagen aneinander an? An welcher Stelle bringt der Erzähler einen erläuternden Rückgriff (das Tempus ist ein Hinweis)? Welche Funktion hat dieser Rückgriff in der Geschichte? Wie ordnet er sich in die Thema-Rhema-Beziehungen ein?
Eine weitere Übersetzungshilfe liegt grundsätzlich
● in der Anknüpfung an die eigene Erwartungshaltung
● in den Vorkenntnissen eines Zusammenhanges
● im versuchenden Übersetzen des Text-Sinnes (also ohne genaue Wiedergabe der Einzelsätze).

12.2   Thema-Rhema-Folge II

Autoren können ihre Leser durch Spracherschwerung dazu zwingen, langsam, verstehend zu lesen – sie können aber auch zum raschen Weiterlesen dadurch ermuntern, daß sie alle Sätze in ein übliches Satzmuster bringen und vor allem unter den Sätzen klar erkennbare Sinnbeziehungen herstellen: Jeder Satz fügt sich so an den vorhergehenden, daß er eine *zu erwartende* neue Information (*Rhema*) enthält. Diese Informationen stehen meist in Wörtern, die in dem Satz *neu* auftreten und die nicht zu den *ganz* gewöhnlichen Wörtern gehören. Dann soll man rasch lesen; man soll die Textaussage als wichtigste Erfahrung aus der Lektüre gewinnen, nicht die kunstvolle Versprachlichung. Texte dieser Art sind vor allem in geschichtlichen Berichten zu finden.

① Überlege, welche – nicht alltäglichen – Wörter den Hauptsinn tragen.
② Beachte die – nicht seltenen – Zusatzinformationen. Sie fallen in Erzähltexten durch ihre besondere Tempuswahl auf – welche Tempora dienen also der Erzählung, welche der Zusatzinformation?
③ Es ist eine interessante Aufgabe, Texte nicht nur zu übersetzen, sondern sie nachzuerzählen. Dabei kann man seine Fantasie etwas spielen lassen, Ereignisse dazu erfinden, das Erzählte ausweiten. Nur die Grundaussage (das *Thema*) muß erhalten bleiben.

Seit dem 9. Jahrhundert drangen die Ungarn in ihre Nachbarländer ein und richteten dort Verwüstungen an. Obwohl sie sich nicht anders verhielten als die übrigen Völker auch, verglich man sie bald mit den Hunnen, die zur Zeit der Völkerwanderung Europa in Schrecken versetzt hatten: Nur war diesmal kein römisches Heer mehr vorhanden, das sich zum Kampf stellte. So konnten die Ungarn nahezu ungehindert bis ins heutige Norddeutschland vordringen:

**12.2.1
Ungarn in
Deutschland**
Wittius,
*Historia ...
Westphaliae*
Text etwas
verändert

Anno Domini 915

Hoc anno Ungari iam antea *dicti* Saxoniam °invadentes multa et clara oppida deleverunt, inter quae et Hervordiam °una cum civitate consumpserunt. °Tum ecclesiam in Hertesfelde *sitam,* ubi corpus Sanctae
5 Idae requiescit, °*vastatam* relinquere conati sunt. Deo *iuvante* autem carbo *sopitus* flammas °haurire noluit et °lignum °imbribus umidum restitit.
Campanam saltem *deposituri* Ungari ecclesiae turrim ascenderunt – sed nodos arte *ligatos* solvere non potuerunt. Non pugnis, sed laboribus
10 *victi* tandem se receperunt.

Etiam atque etiam Ungaris Saxoniam °vastantibus °agricola quidam °callidus alvearia sua intra moenia domus collocavit et hostes exspectavit. Cum nonnullis amicis se occultavit, dato signo alvearia aperuerunt et in ora Ungarorum domui °appropinquantium iecerunt. Alvearibus
15 fractis apes furiosae impetum fecerunt in Ungaros. Non modo milites, sed etiam equi apibus °vexati effugerunt. °Frustra Ungaris gladiis cum parvulis apibus pugnantibus Saxones risu paene dirupti sunt.

Hermann Löns verwendete diese Geschichte in seinem Roman „*Der Werwolf*", in dem er erzählt, wie Bauern sich gegen die plündernden Soldaten des dreißigjährigen Krieges wehren.

Anno Domini 925

Hoc anno Ungari Saxoniam °invadentes magnam copiam hominum
20 utriusque sexus abduxerunt, quos in finibus versus Bulgariam spectantibus collocaverunt. Hi Saxones – silvis maximis ab Ungaris °secreti – „Transsilvani Saxones" appellantur; nonnumquam autem „Sibenburgenses" appellati sunt a septem civitatibus ab iis constitutis.

*Informiere Dich
im Lexikon über
die Geschichte
der Siebenbürger
Sachsen. Vergleiche die Information mit diesem
Bericht.*

Anno Domini 933

Henrico Rege Germanorum Ungari °iterum in Germaniam °invaserunt. Uno autem e principibus Ungarorum capto et ante Regem ducto Ungari pacem novem annorum polliciti sunt, si principem illum reciperent et Germani annuatim °tributa solverent.

Quibus annis dilapsis legati Ungarorum ante Regem venerunt °tributa illa petituri. Henricus autem – principibus Germaniae convocatis – pronuntiavit se °tributa non soluturum esse; illusurus Ungaris °canem detulit, cui aures abscindi iussit.

Ungaros maximo exercitu coacto centum milia °armatorum in Germaniam duxisse constat. Divisoque autem hoc exercitu quinquaginta milia apud Ratisponam reliquerunt; quibus relictis Ungari Saxoniam invaserunt.

Henricus militibus suis persuasit spem exercitus Germanici in solo Deo positam esse. Deo invocato in Ungaros profecti sunt.

Deus suos adiuvans nebulam in planitiem °demisit, ubi Ungari castra fecerant. Germani impetu suo Ungaros disiecerunt, fugaverunt, vicerunt. Henrico vivo Ungarus Germaniam non iam invasit.

① *Bestimme die Partizipien (im Text „Anno Domini 915", Teil 1, sind sie kursiv hervorgehoben) zunächst sorgfältig*
– nach ihrem Zeitverhältnis zum Prädikat des Satzes
– nach ihrem Genus Verbi.
Überprüfe darauf, ob eventuell im Kontext eine Sinnrichtung vorliegt, die in der Übersetzung ausgedrückt werden muß.
② Der Verfasser eines Textes kann narrativ oder aktualisierend beschreiben.
Narrativ bedeutet: Der Autor will dem Leser das, was er erzählt, als vergangenes Geschehen auf möglichst interessante Weise vermitteln; das Erzählte berührt den Leser aber nicht mehr unmittelbar.
Aktualisierend heißt: Der Text wird so berichtet, als ginge er den Leser im Augenblick des Lesens etwas an, *oder* der Text ist tatsächlich aktuell, er fordert sofortige Stellungnahme.
Will der vorliegende Text narrativ oder aktualisierend wirken?
Welches Tempus wählt der Verfasser, um die beabsichtigte Wirkung zu erzielen?
Welche Tempusbedeutung haben innerhalb der vom Autor gewählten Zeit die Infinitive und Partizipien?

12.2.2 Christentum und Islam prallen aufeinander

Glaubenskriege waren im Mittelalter nichts Ungewöhnliches (vgl. Caesarius von Heisterbach: Albigenserkreuzzug, Text 6.5).
Von christlicher Seite aus wurden diese Kämpfe nicht nur gegen die Anhänger des Islams ausgetragen, sondern auch gegen die in den europäischen Städten wohnenden Juden; man sah in den Mohammedanern (die in den Texten meist als Saraceni, Arabes oder Turci/Turcae bezeichnet werden) Menschen, die sich trotz der schon verkündeten christlichen Lehre einem anderen (also, wie die

◄ Byzantiner verteidigen sich gegen angreifende Araber. Buchmalerei aus Konstantinopel, 11. Jh. Paris, Bibliothèque Nationale

Christen sagten, teuflischen) Glauben zugewandt hatten, in den Juden aber unbelehrbare Heiden, die Jesus nicht als Gottes Sohn erkannt hatten, obwohl er mitten unter ihnen lebte.

Das Reich von Byzanz hatte gegen die von Osten eindringenden Stämme der Araber und Sarazenen schwer zu kämpfen. Um 1100 wird ganz Kleinasien von den Seldschuken bedroht. Die Stadt Edessa (heute Urfa/Türkei) ist in Gefahr:

a)
Die Sarazenen bedrohen Edessa
Aus:
Caelii Augustini Curionis *Saracenicae Historiae Libri Tres*, Basel 1587

His temporibus parum abfuit, quin Edessa a Saracenis °dolo caperetur. Nam duodecim illorum principes, simulantes se praetori munera quaedam ferre, quingentos camelos ad muros Edessae adduxerunt – binas cistellas gerentes, quae totidem °armatos claudebant. Qui, si in urbem in-
5 tromissi essent, Edessam certe cepissent et incolas nihil opinantes in somno trucidavissent.

Deum incolas iuvisse pro certo habeo:
Armenus quidam mendicus, °peritus Arabicae linguae, cum apud Arabes foris mendicaret, forte audivit vocem; non autem videre potuit, qui hanc
10 vocem emisisset. Tandem animadvertit vocem e cista venire; audivit quendam – e cista – clara voce rogantem, ubi essent.

Quibus verbis auditis °statim in urbem ingressus praetori nuntiavit, quid audivisset. Praetor, qui insidias paratas esse a Saracenis cognoverat, cum militibus suis egressus armatos illos – cistis vi apertis – omnes interfecit.
15 Arabum principes autem, qui forte in urbe versarentur, ut cum praetore de deditione urbis agerent, interfici iussit – uno excepto, cui manus, nasum, aures absciderunt: cui °clades illa suis nuntianda esset.

Nicht immer war das Verhältnis zwischen dem Byzantinischen Reich und seinen islamischen Nachbarn so gespannt. Die folgende Episode berichtet von einer Begebenheit anläßlich eines Aufenthalts des Sultans in Konstantinopel:

b)
Besuch des Sultans in Konstantinopel
Quelle: wie a

Hic non praetereundus est Sarracenus Icarus: qui, cum in Sultani comitatu esset, circensibus ludis, quos in Hippodromo fieri solebant, interfuit.

Subito turri quadam conscensa, sub qua carceres sunt, unde equi ad certandum emittebantur (supra autem vero quattuor illi equi aurei, qui nunc Venetiis supra Marciam Aedem sunt), se trans stadium volaturum esse iactabat. Ampla veste °candida indutus manus ad volandum tetendit, veste illa tamquam alis usus.

Ut plus venti colligeret, libravit et tandem se vento commisit; °statim humi stratus ossibus omnibus fractis exspiravit.

c)
Grausamkeit im Namen des Glaubens
Quelle: wie a

Berichte über Glaubenskriege zeigen oft die schonungsloseste Art einer Kriegsführung. Beide Seiten sahen ja in ihren Gegnern glaubenslose Menschen, die umzubringen eine verdienstvolle Aufgabe war.

Deinde Germanus quidam, vir ingenti corpore, cum iter suum sequeretur post exercitum equum suum °fessum trahens, a quinquaginta Turcis circumventus non magis se commovit aut gradum suum acceleravit, quam si nemo persequeretur; sed gladio suo unum e Turcis tam facile in duas partes a capite orsus usque ad tergum °secuit, ut reliqui valde territi fugerint.

Diese grausige Begebenheit hat der Dichter *Ludwig Uhland* (1787 bis 1862) noch ausgemalt in seiner Ballade „Schwäbische Kunde".

d)
Leiden der Kreuzfahrer und Tod des Kaisers Barbarossa
Chronica Regia Coloniensis
(siehe Kapitel 3)

Itinere nostro explorato Turci in montes altissimos °currus °lapidibus plenos tractos in nostros transeuntes subito °demiserunt. Forte capti sunt Turci duo. Altero °statim interfecto alter sub pactione vitae promisit se ducem fore exercitus Christianorum, ut montes istos altissimos relinquerent.

Montibus tandem superatis in planitiem venerunt °herbis fecundam, ad recreandum aptissimam. Crescente autem Turcorum turba denuo

▶ Belagerung Antiochias (im Osten der heutigen Türkei, heute Antakya) durch Kreuzfahrer. Antiochia fiel 1098, im folgenden Jahr wurde Jerusalem erobert. Zeitgenössische Buchmalerei, Paris, Bibliothèque Nationale

nostris pericula maxima subeunda erant – omnibus fere oppidis a Turcis munitis occupatisque. [...]

10 Omnibus victualibus amissis peregrini sicut milites tam °fame quam morbis laborantes paene defecerunt. Castris motis cum ad ripam fluminis venissent, Fredericus Imperator Romanus die dominica contra voluntatem omnium in fluvium descendit se recreaturus. Nec mora: iubente eo, qui aufert °spiritum principum, aquis praefocatus abiit Cae-
15 sar optimus.

Anno Domini 1259

Robertus, Magdeburgensis episcopus, cum a summo Pontifice a Roma cum pallio mitteretur, exactionare statim provinciae suae Iudaeos, maxime, qui Magedoburgi et Hallis vivebant, statuit.

5 Ergo, dum sollemnitatibus suis interesse noscebantur, capti sunt et exactionati. Centum quoque milia marcarum fisco impendere compulsi sunt, ceterum omni thesauro suo in auro et argento °privati; erant enim in auro et argento pretiosoque supellectili admodum divites et locupletes.

Anno Domini 1268

10 **C**onradus de Sterneberg Magedoburgi decennio pontificavit. Huius tempore ibidem Iudaeus Sabbato in cloacam cecidit, quem, ne Sabbatum violarent, ceteri Iudaei extrahere ipso die negaverunt. Quae ludicra ubi Conrado innotuerunt, sub capitis poena sequentem Dominicam a Iudaeis tamquam Sabbatam celebrandam esse °indixit. Sicque Hebraeus
15 duos dies humanis in faecibus laboravit.

Anno Domini 1348

Eine drei Jahre währende Pest hatte die Bevölkerung dezimiert. Man suchte die Ursache zuerst in einer durch Planeteneinwirkung vergifteten Luft, dann:

Alii Iudaeis pestem hanc imponebant, unde Iudaeos omnes fere Germaniae combustos esse constat. Et multi eorum °confessi sunt se puteos intoxicavisse. Tradunt auctores Iudaeos mortem patienter suscepisse;
20 cum gaudio in ignem iisse, primo parvulos, deinde °feminas, postea ipsos se flammis dedisse.

Multi tamen putabant Iudaeos non ob toxicationem °fontium, sed ob appetitum divitiarum, quas habebant, morti traditos esse.

Unde quidam postea – conscientia tanti mali in Iudaeos facti – per pro-
25 vincias currebant se ipsos flagellantes.

**12.2.3
Juden-
verfolgung
im Mittelalter**
Wittius, *Historia
... Westphaliae*

12.3 Die Autorintention

Texte enthalten einen informativen Teil, ihre *Nachricht*. Ist ein Text rein informativ, ist der Autor bemüht, seine Nachricht möglichst klar und objektiv mitzuteilen. Häufig sind aber dem informativen Teil appellative und narrative Elemente beigegeben. So benutzen Autoren Nachrichten, um mit ihrer Hilfe bestimmte Tendenzen *(Intentionen)* zum Leser zu transportieren. Das geschieht gewöhnlich durch die Art der Darstellung, z. B. die Auswahl dessen, was man berichtet, oder durch eine absichtsvolle *(intentionale)* Wahl wertender Wörter, Hervorhebungen durch die Wortstellung usw.

C. Plinius Secundus (s. Kap. 9.4) hat ein naturwissenschaftliches Buch „Naturalis Historia" geschrieben; er zählt in einem Teil des Werkes Jagdmethoden bei verschiedenen Völkern auf. Doch ist er ein so großer Naturfreund, daß er die Gelegenheit nicht ungenutzt verstreichen läßt, seine Einstellung zu diesen Methoden durch sprachliche Mittel sichtbar zu machen.

Intentionale Textstellen sind in Sachtexten natürlich viel seltener als reine Informationsstellen. Beschreibe die Textstellen, in denen Plinius eine unterschwellige Kritik an den geschilderten Jagdmethoden zeigt.

Elefantenjagd in Afrika
C. Plinius Secundus,
Naturalis Historia
VIII 24

Elfenbein galt auch im Altertum als begehrter Luxus. Die zeitweise sehr starke Wirtschaft des Römischen Reiches förderte die Einfuhr solcher Luxusartikel aus dem Ausland. Nicht nur Schmuck wurde aus Elfenbein hergestellt, sondern auch Figuren und Gebrauchsgegenstände.

Africa foveis capit, in quas (deerrante aliquo) protinus ceteri congerunt ramos, moles devolvunt, aggeres construunt: omnique vi conantur extrahere.

Antea domitandi gratia °greges equitatu cogebant in °vallem manu factam et longo tractu fallacem, cuius inclusos °fame domabant. °Argumentum erat ramus (homine porrigente) clementer acceptus. Nunc dentium causa pedes eorum inculcantur alioqui mollissimos.

Trogodytae, contermini Aethiopiae, qui hoc solo venatu aluntur, propinquas itineri eorum conscendunt arbores. Inde, totius agminis novissi-

5

▶▶ *(S. 137)*
Thomas von Canterbury. Mosaik in der Apsis des Doms von Monreale bei Palermo/Sizilien. 2. H. des 12. Jh.s

▶ *Ein Elefant und andere gefangene Tiere werden auf ein Schiff verladen. Ausschnitt aus den Mosaiken der römischen Villa bei Piazza Armerina/Sizilien, um 400 n. Ch.*

Autorintention/Lesererwartung/Stilfiguren · 12

10 mum speculati, extremas in clunes desiliunt. Laeva deprehenditur cauda, pedes stipantur in sinistro femore. Ita pendens alterum poplitem dextra caedit ac praeacuto bipenni hoc crure tardato profugiens alterius poplitis nervos ferit; cuncta praeceleri pernicitate °peragens.

Lesererwartung 12.4

Texte aus fremden Bereichen oder früheren Zeiten rechnen bei ihren Lesern mit *anderen* Kenntnissen und Vorstellungen, als wir sie besitzen. Ein Autor kann voraussetzen, daß er in einem Text mit Nennung eines Begriffs bei seinen zeitgenössischen Lesern bestimmte *Erwartungen* wecken kann. Manche Autorintention kann man also als Leser einer späteren Zeit erst aus dem *Verständnis der Zeitsituation* des Autors heraus begreifen (vgl. auch 12.7). Der folgende Text dient als Beispiel für eine solche Erwartungshaltung, wie wir sie nicht mehr besitzen. *Kursiv gedruckt* erscheinen diejenigen Textbestandteile, die entweder Bezug nehmen auf das Gesamtthema des Textes oder auf das Thema des vorhergehenden Satzes. Die Rhema-Teile sind im Normaldruck wiedergegeben. Die Textstelle, die für den mittelalterlichen Leser – an den der Text gerichtet ist – den eigentlichen Erwartungshorizont eröffnet, also seine Erwartung in eine ihm bekannte Richtung lenkt, ist durch Fettdruck hervorgehoben.

Thomas von Canterbury
Chronica Regia Coloniensis,
Anno Domini 1172

Eodem anno [1172] Sanctus Thomas Cantuariensis archiepiscopus ab Heinrico Anglorum rege **martirizatus est** 4. Kal. Ian. et multis miraculorum signis illustrissime claruit. *Quorum de numero primum* referre utile duximus, ut huius novitate alia pensentur. Caecus °etenim quidam
5 eadem die, qua *sanctus episcopus occidendus erat,* ex voto et salutis desiderio ad ecclesiam Beati Nycholai carpebat iter. *Cui* quaedam effigies in specie viri occurrens, quo *tenderet,* °inquisivit. *Qui, cum se ad Beatum Nycholaum pro desiderio visus iturum* responderet, ait: „Magis nunc ad *novum Christi martyrem* proficisci te oportet, *ut per eius merita visum*
10 *recipias.*" Itaque eadem hora circa vesperum, *qua beatus martyr in ecclesia* coram altari a satellitibus regis *occidebatur, templum ingressus est.* Petiit ergo, ut ad corpus beati viri duceretur. Quo ductus, dum pretioso sanguine *eius oculos* sibi linivisset, *statim visum recepit. Innumeris usque hodie talibus per Angliam fulget miraculis.*

Vom Sinn der Stilfiguren (Beispiele) 12.5

Um die Aufmerksamkeit des lesenden Publikums zu wecken, verwendet fast jeder Autor bestimmte Verfremdungen der Normsprache. Meist sind entscheidende Informationen (Nachrichten) stilistisch hervorgehoben.
Das ist so selbstverständlich, daß manche neuzeitliche Autoren als Verfremdungsmittel gerade die Normsprache verwenden: Sie wirkt in einem literarischen Text eben ‚fremd'.

12.5.1 Stilfiguren als Verfremdung der Normsprache

137

Diese Sprachverfremdung wird bevorzugt an den Stellen eingesetzt, wo ein besonderer Aussageschwerpunkt liegt. Man kann daher sagen, daß Sprachverfremdung ein Schlüssel ist, der Sinnstellen aufschließt *("Schlüssel-Schloß-Prinzip"* der Literatur).

Ein Richter ohne Zunge
Caesarius von Heisterbach, *Distinctio* 11; 46

① Narravit mihi ante paucos menses aliquis sacerdos de Saxonia dicens:

> ● Prüfe am Ende der Übersetzung, welche der im ersten Satz gegebenen Informationen zur Sinnerfassung (Themagebung) nötig sind.

② „Nuper in terra nostra quidam nominatus decretista mortuus est.

> (decrētista: Richter; nōminātus ist kontextuell erschließbar).

③ Qui cum hiaret, lingua in ore defuncti non est inventa.

> (hiāre: Mund öffnen [im Tode], ● dēfunctus, -a, -um: tot).
> ● Welche Information (Rhema) muß der folgende Satz enthalten oder einleiten?

④ Et merito linguam perdidit moriens, qui illam saepe vendiderat vivens.

> (vendere, vendidī: verkaufen)
> ● Das entscheidende Rhema ist in ein auffälliges Stilsystem eingebettet: Hier liegt Parallelismus vor. Was ist darunter wohl zu verstehen?

12.5.2 Stilfiguren zur Spannungssteigerung

Sätze, die mit cum/als beginnen, schaffen einen zeitlichen Hintergrund für die im Hauptsatz angeschlossene Information. Sie dienen dazu, diesen Hauptsatz vorzubereiten; den Leser in Erwartung zu versetzen auf eine Aussage, die so wichtig ist, daß ihr zeitlicher Hintergrund beschrieben wird. Beachte dabei: Der Verfasser eines Satzes wählt mit dem Subjekt meist zugleich die Perspektive, von der aus der Vorgang zu betrachten ist.

Hieron und Simonides
Cicero, *de natura deorum* I 22

Hiero(n) war König von Syrakus, Simonides, bekannter griechischer Lyriker, lebte an seinem Hof.

> Perspektivewechsel **Hieron–Simonides**

① **Cum** tyrannus Hiero quaesivisset de Simonide, quid aut quale deus sit,

> 1. Erwartungsauflösung:

deliberandi causa sibi unum diem postulavit;

② **cum** idem ex eo postridie quaereret,

> 2. Erwartungsauflösung:

biduum petivit.

Doppel-Wechsel der Subjekt-Perspektive:

③ **cum** saepius duplicaret numerum dierum admiransque Hiero requireret, cur ita faceret,

> 3. und endgültige Erwartungsauflösung:

„Quia, quanto", inquit, „diutius considero, tanto mihi spes videtur obscurior."

Ciceros Texte zählt man zur Kunstprosa; sie sind besonders kunstvoll gestaltet. Wie wird durch die Wortwahl die Subjektperspektive *Hieron* bzw. *Simonides* unterstützt?
Wiederholten Beginn aufeinanderfolgender Sätze mit dem gleichen Wort nennt man **Anapher**. Die Anapher ist eine Sonderform der **Iteratio** (Wiederholung). Parallelismus wird ein paralleler Satzbau genannt. Diese Stilfiguren sind teils in reiner, teils in etwas abgewandelter Form **(Variatio)** in dem Textstück zu finden; wo kann man sie nachweisen – welcher Redeabsicht des Verfassers dienen sie?

Lyrik ist eine literarische Kurzform; will ein Dichter in Kürze viel sagen, muß er seinen Text besonders aussagekräftig machen. Das kann durch wichtige Gedanken geschehen, die in kurzer Form dargelegt werden, oder durch *Sprachverfremdungen* (→ 12.5.1); bekannt ist außer dem Reim der Rhythmus, der sich in bestimmten *Metren* zeigt (Beispiele im Kapitel 8). Reim gibt es in antiken Gedichten nicht, das Metrum spielte dafür eine womöglich noch größere Rolle als später.
Neben diesen bekannten Sprachmitteln gibt es solche, die weniger leicht ins Auge fallen. Einige davon sind in den folgenden – an sich inhaltsarmen – zwei Zeilen enthalten:

**12.5.3
Stilfiguren
zur
Konzentration
der Aussage**

In caveā pictā saltāns, quae dulce *canēbat
   mūtā, tenebrōsā nunc iacet in caveā.

① Beachte die Anfangs- und Schlußwendung; was wird durch die Wiederholung der Wörter „in cavea" bewirkt?
② Stelle zusammen, was in den beiden Zeilen in Widerspruch zueinander steht, wie etwa *dulce canebat* zu *muta*.
③ Beachte den Tempuswechsel *canebat – iacet*.
Werden die beabsichtigten Wirkungen bei einem Leser des „Grabspruchs" erreicht?

**Grabspruch
für
einen Vogel**
Aus:
Anthologia veterum Latinorum epigrammaton et poëmaton, 1777

12.6 Gekünstelte Sprache

Sprachtechnik kann auch gekünstelt, „artistisch" sein: Das ist daran zu erkennen, daß sie wahllos eingesetzt wird, also nicht der Hervorhebung gedanklich wichtiger Textstellen dient. Man empfindet solche Texte als enttäuschend, weil sich die Mühe der Entschlüsselung nicht lohnt. Für einen Leser ist es trotz dieser „Enttäuschung" interessant, sich einen solchen Text einmal genauer anzusehen:

In älteren Phaedrusausgaben findet man zuweilen noch mehr Fabeln, als der Dichter tatsächlich hinterlassen hat. Teils sind es Versuche, in Prosaform überlieferte Fabeln aus dem Mittelalter in das Versmaß zu bringen, das Phaedrus verwendet, teils sind es wohl auch eigene Erfindungen, die ein wenig erfolgreicher Dichter dem weltberühmten Werk hinzufügte, um selbst ein Stück Dichtung einzubringen (vgl. auch Kap. 7.1, Text Z 1).
Die folgende Fabel ist zu Beginn des 19. Jahrhunderts Phaedrusausgaben als Entdeckung und literarische Aufbereitung angefügt gewesen. Angeblich hatte sie ein *Marquard Gudio* entdeckt.

Oves °lupique cum certassent proelio,
illae vicerunt: tutae praesidio °canum.
Lupi legatos mittunt et fictam petunt
hac lege pacem, ut dederent oves canes
et obsides luporum catulos reciperent.　　　　5
Oves, aeternam sic sperantes gratiam
iniri, faciunt, quod poposcerunt lupi.
Post paulo cum coepissent ululare catuli,
lupi – °necari causantes natos suos
pacemque ruptam ab ovibus – undique impetu　　10
°invadunt facto nudas defensoribus.
Fidem quae stultae quod habuerant hostibus,
consilium sera damnant poenitentia.

Praesidium, quo quis olim tutus vixerat,
si prodat aliis, °frustra post desiderat.　　　　15

① *Menschen, die nur ein „Schullatein" erlernt haben, schreiben oft sehr umständlich, teilweise nahezu unverständlich; an welchen Textstellen ist das besonders auffällig?*
② *Dichter verfremden, erschweren die Sprache ihrer Texte an Stellen, die für die Aussage besonders wichtig sind. Hat das Gudio auch getan? Vergleiche die sprachliche Schwierigkeit dieses Textes etwa mit der des Textes 12.1 von Curtius Rufus.*
③ *Vielleicht empfindest Du auch den „Grabspruch für einen Vogel" (12.5.3) als ähnlich hohl; das ist dann ein zweites Beispiel für diese Art Texte.*

Konnotationen 12.7

Viele Wörter, Nomina wie Verben und andere, lassen neben ihrer „Sachbedeutung" zugleich eine Art Atmosphäre mitschwingen, die diese Wörter auf uns Leser übertragen; diese Eigenschaft von Wörtern nennt man *Konnotation*. Konnotationen sind sprach- und zeitgebunden. Sie in einer fremden Sprache wahrzunehmen ist nur nach langer Vertrautheit möglich, oft auch gar nicht. Meist vermittelt aber der Kontext einen Rahmen, eine Atmosphäre, die uns für Konnotationen in einem bestimmten Textabschnitt empfänglich macht.

Nach der Lektüre des Liutprand-Textes des Kapitels 11 wird es Dir möglich sein, die Meinung des Autors zu dem, was er im folgenden beschreibt, zu bemerken – auch wenn sie in diesem Textabschnitt nicht deutlich gesagt wird.
Um das Jahr 1000 n. Chr., als dieser Text entstand, gab es in Westeuropa kaum Entfaltung von Pracht und Reichtum. Nicht nur Mönche lebten in Armut oder einfachen Verhältnissen. Dieses Vorwissen muß man in den Text einbringen, um die Konnotationen zu verstehen.

Liutprandus: Am byzantinischen Hof

Est domus iuxta hippodromum mirae et altitudinis et pulchretudinis, quae „Decennea Cubita" vocatur. Hoc autem °ideo, quoniam quidem novemdecim mensae in ea apponuntur. In quibus Imperator pariter et convivae non sedendo – ut ceteris diebus – sed recumbendo epulantur.
5 Quibus in diebus non argenteis, sed tantum aureis vasis ministratur. Post cibum autem aureis vasis tribus sunt poma delata, quae ob °immensum pondus non hominum manibus, sed purpura tectis vehiculis sunt allata.

Ludos denique, quos ibi perspexerim – quia nimis longum est scribere – praetermitto: unum solummodo ob admirationem hic inserere non
10 pigebit. Adducti sunt duo pueri nudi, qui per °lignum ascendentes ita servaverunt immobile ac si radicitus terrae esset affixum.

Denique – post unius descensum – alter, qui °remanserat eodemque solus luserat, ampliori admiratione me reddidit. Quoquo modo enim quoadusque luserant, lignum, per quod ascenderant, gubernabant. Unus
15 vero, qui in ligni summitate °remansit, quia ita se aequaliter ponderavit, ut et luserit sanus et descenderit, ita me stupidum reddidit, ut ipsum Imperatorem mea admiratio non lateret. Unde – accersito interprete – quid mihi mirabilius videretur, sciscitatus est.

Cumque me ignorare, quid mihi ϑαυμασότερον (id est: mirabilius) videre-
20 tur, edicerem, magno inflatus cachinno se similiter nescire respondit.

thaumasóteron

12.8 Zeitgebundenheit: Überprüfung von Textaussagen

Der folgende Text soll dazu anregen, die Glaubwürdigkeit von Überlieferungen zu überprüfen, nicht etwa die Vorstellung zu fördern, die älteren Naturwissenschaftler seien nachlässig gewesen. Naturwissenschaftlicher Fortschritt setzt Teilerkenntnisse voraus, die von Späteren aufgenommen, überprüft, angenommen oder verworfen werden. Das heißt, daß der Irrtum hier je nach allgemeinem Erkenntnisstand immer möglich ist. Die folgende Episode findet man bis in die Neuzeit in Geschichtsbüchern überliefert. Du sollst hier die Glaubwürdigkeit der Überlieferungstechnik prüfen, nicht die alten Denker übertrumpfen.

Eine Mahlzeit für 10 Millionen Sesterzen
C. Plinius Secundus d. Ä., Naturalis Historia XI 119 (gekürzt)

Kontext: Antonius, ein Feldherr Caesars, war nach dessen Ermordung zu politischer Macht gekommen, die er sich mit Octavianus, dem späteren Kaiser Augustus, zunächst teilte. Er herrschte im Osten des Reiches, Octavianus im Westen. Bald kam es aber zu Zerwürfnissen zwischen den beiden; Octavianus nutzte dabei geschickt die Verschwendungssucht seines Mitregenten, um ihn bei der Bevölkerung Roms unmöglich zu machen. Das Verhältnis, das Antonius zur ägyptischen Königin Kleopatra unterhielt, war ein weiterer Grund, ihn mit gezielter Propaganda anzugreifen. Die folgende Episode berichtet über beides: Verschwendungssucht und das Verhältnis zu Kleopatra – geschickt verknüpft:

Duo fuerunt maximi uniones per omnem aevum; utrumque possedit Cleopatra, Aegypti reginarum novissima. Haec, cum exquisitis cotidie Antonius saginaretur epulis, contendit una se cena centiens HS absumpturam esse.

Cupiebat discere Antonius – sed fieri posse non arbitrabatur. Ergo sponsionibus factis postero die, quo iudicium agebatur, magnificam alias cenam, sed cotidinam Antonio adposuit – irridenti et computationem expostulanti.

At illa corollarium id esse dixit et confirmans solam se centiens HS cenaturam inferri mensam secundam iussit. Ex praecepto ministri unum tantum vas ante eam posuere aceti, cuius asperitas visque in tabem margaritas resolvit. Gerebat auribus cum maxume illud et vere unicum naturae opus: itaque (exspectante Antonio, quidnam esset actura) detractum alterum mersit et liquefactum obsorbuit.

▲ Römische Porträtbüste der Königin Kleopatra. Berlin, Antikenmuseum

Überprüfe die Richtigkeit der chemischen Vorgänge:
Perlen bestehen aus $CaCO_3$ wie Marmor oder Kalkstein. Besorge Dir also ein Stück Marmor, das etwa die Größe einer besonders großen Perle hat, und lege es in Essig. Einwirkungszeit: 1–2 Minuten. Was beobachtest Du?